Kohlhammer

Franziska Perels
Kirsten van de Loo
Bernhard Schmitz

unter Mitarbeit von
Simone Bruder, Katharina Krause und Molly von Oertzen

Trainer trainieren

Seminare effektiv gestalten

Verlag W. Kohlhammer

Dieses Werk einschließlich aller seiner Teile ist urheberrechtlich geschützt. Jede Verwendung außerhalb der engen Grenzen des Urheberrechts ist ohne Zustimmung des Verlags unzulässig und strafbar. Das gilt insbesondere für Vervielfältigungen, Übersetzungen, Mikroverfilmungen und für die Einspeicherung und Verarbeitung in elektronischen Systemen.

Es konnten nicht alle Rechtsinhaber von Abbildungen ermittelt werden. Sollte dem Verlag gegenüber der Nachweis der Rechtsinhaberschaft geführt werden, wird das branchenübliche Honorar nachträglich gezahlt.

1. Auflage 2008

Alle Rechte vorbehalten
© 2008 W. Kohlhammer GmbH Stuttgart
Umschlag: Gestaltungskonzept Peter Horlacher
Gesamtherstellung:
W. Kohlhammer Druckerei GmbH + Co. KG, Stuttgart
Printed in Germany

ISBN 978-3-17-019893-7

Inhalt

Einleitung. 9

1 **Exemplarische Gesamtsitzung** 19
   1.1 Analytischer Teil. 19
      1.1.1 Sachanalyse. 19
      1.1.2 Didaktische Analyse 20
      1.1.3 Analyse der Lernvoraussetzungen:
            Vorkenntnisse, Motivation 21
   1.2 Entscheidungsteil 22
      1.2.1 Lernziele 22
      1.2.2 Methoden und Medien 22
      1.2.3 Evaluation 23
      1.2.4 Transferüberlegungen 23
      1.2.5 Geplanter Verlauf 23
      1.2.6 Sequenzplan der Einheit
            „Exemplarische Gesamtsitzung". 24
      1.2.7 Beschreibung des Ablaufs 27
   1.3 Bewertung. 27
   Literatur. 28
   Anhang 29

2 **Planung von Trainings** 33
   2.1 Analytischer Teil. 33
      2.1.1 Sachanalyse. 33
      2.1.2 Didaktische Analyse 35
      2.1.3 Analyse der Lernvoraussetzungen:
            Vorkenntnisse, Motivation 36
   2.2 Entscheidungsteil 36
      2.2.1 Lernziele 36
      2.2.2 Methoden und Medien 37
      2.2.3 Hausaufgaben. 37
      2.2.4 Evaluation 38
      2.2.5 Transferüberlegungen 38
      2.2.6 Geplanter Verlauf 38
      2.2.7 Sequenzplan der Einheit
            „Planung von Trainings" 39
      2.2.8 Beschreibung des Ablaufs 42
   2.3 Bewertung. 43
   Literatur. 44
   Anhang 45

Inhalt

3 Alternative Lehr- und Lernmethoden 51
   3.1 Analytischer Teil 51
      3.1.1 Sachanalyse 51
      3.1.2 Didaktische Analyse 54
      3.1.3 Analyse der Lernvoraussetzungen:
            Vorkenntnisse, Motivation 55
   3.2 Entscheidungsteil 55
      3.2.1 Lernziele 55
      3.2.2 Methoden und Medien 55
      3.2.3 Hausaufgaben 56
      3.2.4 Evaluation 57
      3.2.5 Transferüberlegungen 57
      3.2.6 Geplanter Verlauf 57
      3.2.7 Sequenzplan der Einheit
            „Alternative Lehr- und Lernmethoden" 58
      3.2.8 Beschreibung des Ablaufs 61
   3.3 Bewertung 61
   Literatur 62
   Anhang 63

4 Vortrag, Diskussion und Metaplan-Technik 77
   4.1 Analytischer Teil 77
      4.1.1 Sachanalyse 77
      4.1.2 Didaktische Analyse 84
   4.2 Entscheidungsteil 85
      4.2.1 Lernziele 85
      4.2.2 Geplanter Verlauf 85
      4.2.3 Sequenzplan der Einheit „Vortrag,
            Diskussion und Metaplan-Technik" 86
      4.2.4 Beschreibung des Ablaufs 89
   4.3 Bewertung 90
   Literatur 91
   Anhang 92

5 Spiele und Rollenspiele 95
   5.1 Analytischer Teil 95
      5.1.1 Sachanalyse 95
      5.1.2 Didaktische Analyse 98
   5.2 Entscheidungsteil 99
      5.2.1 Lernziele 99
      5.2.2 Geplanter Verlauf 99
      5.2.3 Sequenzplan der Einheit „Spiele und Rollenspiele" . 100
      5.2.4 Beschreibung des Ablaufs 102
   5.3 Bewertung 103
   Literatur 103
   Anhang 105

6	**Gesprächsführung, TZI-Regeln und Feedback**		108
	6.1 Analytischer Teil		108
		6.1.1 Sachanalyse	108
		6.1.2 Didaktische Analyse	112
	6.2 Entscheidungsteil		113
		6.2.1 Lernziele	113
		6.2.2 Geplanter Verlauf	114
		6.2.3 Sequenzplan der Einheit „Gesprächsführung, TZI-Regeln und Feedback"	115
		6.2.4 Beschreibung des Ablaufs	118
	6.3 Bewertung		118
	Literatur		119
	Anhang		120
7	**Umgang mit Fragen und Beiträgen sowie schwierigen Teilnehmern**		124
	7.1 Analytischer Teil		124
		7.1.1 Sachanalyse	124
		7.1.2 Didaktische Analyse	129
	7.2 Entscheidungsteil		130
		7.2.1 Lernziele	130
		7.2.2 Geplanter Verlauf	130
		7.2.3 Sequenzplan der Einheit „Umgang mit Fragen und Beiträgen sowie schwierigen Teilnehmern"	131
		7.2.4 Beschreibung des Ablaufs	133
	7.3 Bewertung		133
	Literatur		134
	Anhang		135
8	**Transferförderung**		140
	8.1 Analytischer Teil		140
		8.1.1 Sachanalyse	140
		8.1.2 Didaktische Analyse	145
	8.2 Entscheidungsteil		146
		8.2.1 Lernziele	146
		8.2.2 Geplanter Verlauf	146
		8.2.3 Sequenzplan der Einheit „Transferförderung"	147
		8.2.4 Beschreibung des Ablaufs	149
	8.3 Bewertung		149
	Literatur		150
	Anhang		151
9	**Zusammenfassung/Reflexion mit den Teilnehmern**		158
	9.1 Analytischer Teil		158
		9.1.1 Sachanalyse	158
		9.1.2 Didaktische Analyse	160
	9.2 Entscheidungsteil		161
		9.2.1 Lernziele	161

	9.2.2	Geplanter Verlauf	162
	9.2.3	Sequenzplan der Einheit „Zusammenfassung/ Reflexion mit den Teilnehmern"	163
	9.2.4	Beschreibung des Ablaufs	165
9.3	Bewertung		166
Literatur			166
Anhang			167

10 Nach dem Training ... 168
10.1 Evaluation des Trainings ... 168
10.1.1 Was soll evaluiert werden? Was steht im Fokus der Evaluation? ... 168
10.1.2 Wie soll evaluiert werden? Welche Methoden sind geeignet? ... 169
10.1.3 Wann findet die Evaluation statt? Zu welchem Zeitpunkt werden die Daten erhoben? ... 170
10.2 Die Reflexion des Trainers nach dem Training ... 170
Literatur ... 170

Danksagung ... 171

Stichwortverzeichnis ... 173

Einleitung

Das beste Training liegt immer noch im selbständigen Machen.
Cyril Northcote Parkinson (1909–1993)

Seit Jahren schon drängen immer mehr Trainer[1] auf den Markt mit einem scheinbar unerschöpflichen Angebot an Seminaren und Trainings für alle Lebens- und Arbeitsbereiche – nicht selten inklusive vollmundiger Versprechungen, innerhalb weniger Seminartage einschneidende Veränderungen zu erzielen. „Nie wieder sprachlos! Die Macht souveräner Rhetorik und Schlagfertigkeit", „Mit Charisma zum Erfolg", „Innere Balance – In drei Tagen zu neuer Lebensenergie" sind einige dieser vielversprechenden Seminartitel. Doch woran erkennt man ein effektives, erfolgreiches Training?

Das vorliegende Praxisbuch möchte Ihnen Antwort auf diese Frage geben. Und es möchte Sie dabei unterstützen, zu den „Guten" zu gehören, zu denen, die effiziente Trainings durchführen oder Trainer ausbilden. Es möchte Ihnen ein Leitfaden zur Gestaltung effektiver und aktivierender Seminare und Trainings sein, die zudem zielgruppenorientiert und transferförderlich sind, d. h. zu einer tatsächlichen Anwendung des Gelernten im Alltag der Teilnehmer führen.

Was ist also bedeutsam für ein effektives Training? Es ist vor allem die Person des Trainers, die sowohl direkt als auch indirekt über den Trainingserfolg entscheidet. Ein guter Trainer weiß um die Bedeutung der sorgfältigen Auswahl der Seminarinhalte und die Anpassung dieser an die Zielgruppe und den Zweck des Trainings. Ein ambitionierter Ausbilder beherrscht verschiedene didaktische Methoden und ist in der Lage, diese zur Unterstützung der Vermittlung der Inhalte flexibel anzuwenden. Einem sorgfältigen Seminarleiter ist die Problematik des Transfers der Trainingsinhalte in den Alltag der Teilnehmer bewusst und er kennt Maßnahmen, diesen Transfer zu fördern. Ein gewissenhafter Trainer ist sich bewusst, dass nur eine systematische Evaluation einer Trainingsmaßnahme eine zuverlässige Aussage darüber erlaubt, ob die beabsichtigten Effekte eingetreten sind, und er wird aufgrund der Ergebnisse das Training beständig verändern und optimieren. Die gute Nachricht ist: Alle diese Qualitäten eines erfolgreichen Trainers und Seminarleiters lassen sich erlernen und dieses Praxisbuch möchte Ihnen dabei als Leitfaden und Nachschlagewerk zur Seite stehen, basierend auf Forschungsergebnissen und einer langjährigen Erfahrung in der Durchführung von Trainings und der Ausbildung von Trainern.

---

1 Um die Übersichtlichkeit zu wahren, wird im Folgenden allein die männliche Form benutzt. Selbstverständlich sind damit auch alle weiblichen Personen angesprochen. Wir bitten alle Trainerinnen, Ausbilderinnen, Seminarleiterinnen sowie Teilnehmerinnen um Verständnis.

Was kann dieses Buch leisten?

Dieses Praxisbuch „Trainer trainieren – Seminare effektiv gestalten" richtet sich in erster Linie an angehende und schon praktizierende Trainer sowie insbesondere an Personen, die Trainer ausbilden. Es ist jedoch auch allen anderen Seminarleitern, Ausbildern und Lehrenden ein Ratgeber zur effektiven Gestaltung ihrer Veranstaltungen. Das Buch bietet Unterstützung bei der Konzeption und Planung, Durchführung sowie Reflexion und Evaluation von Trainings. Es ist dabei so konzipiert, dass es einerseits möglich ist, mithilfe des Buches im Sinne eines Leitfadens die Vorbereitung, Durchführung und Nachbereitung eines Trainings Kapitel für Kapitel zu gestalten. Andererseits kann es auch als Nachschlagewerk dienen: Suchen Sie beispielsweise für ein bereits geplantes Seminar nach einer alternativen Lehrform, einer Möglichkeit zum Umgang mit schwierigen Teilnehmern oder einem Weg, die Nachhaltigkeit des Trainings zu sichern, finden Sie in diesem Buch geeignete Tipps, Techniken und Methoden. Somit ist dieses Praxisbuch sowohl für angehende als auch für bereits erfahrene Seminarleiter geeignet.

Da die Inhalte des Buches nicht auf bestimmte Trainingsthemen oder -gruppen begrenzt sind, ist es breit und vielfältig einsetzbar. Ob Sie angehende Trainer ausbilden, Soft Skills trainieren oder fachliches Wissen vermitteln – dieses Buch unterstützt Sie bei der Gestaltung einer effektiven Veranstaltung. Der Fokus des Buches liegt dabei auf der Förderung einer interessanten und aktivierenden sowie nachhaltigen Vermittlung von Inhalten.

Alle dargestellten Inhalte und Konzepte sind mehrfach in der Praxis erprobt und aufgrund von Rückmeldungen optimiert. Die Autoren haben als Mitglieder der Arbeitsgruppe Pädagogische Psychologie an der Technischen Universität Darmstadt viele Jahre Praxiserfahrung in der Ausbildung von Trainern sowie der Durchführung und Evaluation eigener Trainingsmaßnahmen gesammelt und hier nun ihre bewährten Konzepte in anwendungsnaher Form zusammengestellt.

Wie ist dieses Buch aufgebaut?

Dem Inhalt dieses Buches liegt ein Modell zugrunde, das die wichtigsten Komponenten der Trainingskonzeption zusammenfasst. Das Modell zur Trainingskonzeption (Perels, Landmann & Schmitz, 2007) bezieht sich auf den gesamten Trainingsprozess von der Vorbereitung über die Durchführung bis zur Nachbereitung eines Seminars. Die einzelnen Kapitel des Buches greifen jeweils wichtige Komponenten des Modells auf und behandeln diese ausführlich. Jedes Kapitel beschreibt dabei eine 90-minütige Trainingssitzung in Form eines Seminarkonzepts (in Anlehnung an Becker, 1997), mit Sachanalyse, didaktischer Analyse, Sequenzplan und Beschreibung des Ablaufs sowie Beispielmaterialien. Auf diese Weise werden Ihnen die theoretischen Grundlagen kurz und anwendungsorientiert vermittelt; zudem können Sie die für Sie interessanten Konzepte übernehmen und nach einer Anpassung an die jeweilige Zielgruppe direkt umsetzen.

Das den Trainingskonzepten zugrunde liegende Modell wird im folgenden Abschnitt kurz dargestellt. Es unterscheidet zwischen dem Trainer, dem Training sowie den Teilnehmern als Faktoren, die sich auf den Trainingserfolg auswirken. Bei der Vorstellung der verschiedenen Trainingseinheiten in den Kapiteln dieses Praxisbuches beschränken wir uns auf die Komponenten des Faktors „Training", da diese für die Praxis des Trainers von besonderer Bedeutung und am wirkungsvollsten zu beeinflussen sind. Kapitel 2 beschreibt eine Trainingseinheit, die sich auf die Phase „vor dem Training" bezieht, während die Kapitel 3 bis 9 Trainingskonzepte zu Komponenten „während des Trainings" aufführen. Schließlich beschäftigt sich Kapitel 10 mit Elementen der Phase „nach dem Training". Das erste Kapitel beinhaltet das Konzept für eine exemplarische Sitzung, in der als Grundlage für alle weiteren Seminareinheiten der transferförderliche Aufbau einer Einheit vermittelt wird.

In den Kapiteln 1 bis 9 werden Sie immer wieder die folgende Struktur vorfinden: Nach einigen zusammenfassenden Angaben zum Thema des Kapitels bzw. der Trainingseinheit folgt der analytische Teil, in dem Sie die Sachanalyse des Trainingsinhalts sowie die didaktische Analyse finden. Die Sachanalyse bietet Ihnen einen Überblick über die theoretischen Grundlagen des Seminarthemas; die didaktische Analyse verfolgt das Ziel, die optimale Form der Vermittlung dieses Themas an die Trainingsteilnehmer zu finden. Im Anschluss an den analytischen Teil folgt jeweils der Entscheidungsteil, in dem die Lernziele der Trainingseinheit, die Methoden und Medien zur Vermittlung der Inhalte sowie die Hausaufgaben festgelegt werden. Die Hausaufgaben sollen dazu dienen, den Transfer der Seminarinhalte in den Alltag der Teilnehmer zu fördern oder nachfolgende Sitzungen vorzubereiten. Nicht in jedem Fall ist es nötig und sinnvoll, Aufgaben an die Teilnehmer zu verteilen, weshalb der Punkt Hausaufgaben in einigen Kapiteln entfällt. An dieser Stelle sei darauf hingewiesen, dass einzelne Unterpunkte entfallen können, wenn sie für das jeweilige Kapitel nicht relevant sind.

Ebenfalls im Entscheidungsteil erfolgen Überlegungen zur Evaluation des Trainingserfolgs und zum Transfer der Inhalte. Im Anschluss daran konkretisieren sich alle vorherigen Überlegungen in einem „geplanten Ablauf"; hier erwarten Sie eine Übersicht über den geplanten Sitzungsverlauf, ein Sequenzplan sowie eine Beschreibung des Ablaufs. Diese detaillierten Angaben ermöglichen es Ihnen, die Seminarkonzepte direkt zu übernehmen. Es folgt eine Bewertung der Trainingseinheit mit Hinweisen darauf, worauf bei der Umsetzung und besonders bei der Adaption an die jeweilige Zielgruppe geachtet werden sollte. Schließlich finden Sie relevante Literaturangaben sowie im Anhang einige der Materialien, die in den beschriebenen Seminarsitzungen verwendet wurden. Diese können Sie direkt für Ihre Trainingsteilnehmer anpassen und übernehmen.

Die in diesem Buch zusammengetragenen Seminarkonzepte und Trainingsmaterialien sind auf die Zielgruppe der Psychologiestudierenden abgestimmt worden, die eine Ausbildung zum Trainer absolvieren. Die Ausbildung ist so gestaltet, dass alle Teilnehmer in Kleingruppen jeweils Trainingssitzungen zu einem Thema unter Supervision selbstständig erstellen und durchführen – auf diese Weise sind alle Teilnehmer zugleich Trainer und können das Gelernte unmittelbar anwenden und üben. Diese Teilnehmer haben dabei wie jede Zielgruppe bestimmte Eigenschaften, Vorkenntnisse und eine Motivation, die sich auf den Trainingsverlauf auswirken. Obwohl wir uns bemüht haben, die Konzeptionen möglichst allgemein gültig und offen für verschiedene Zielgruppen zu gestalten, ist es von besonderer Bedeutung, dass Sie die Konzepte und die Durchführung an Ihre jeweilige Zielgruppe anpassen. Das betrifft auch die Länge der Trainingseinheiten. Alle hier vorgestellten Konzepte sind auf 90 Minuten zugeschnitten worden. Die Konzeption einer Sitzung kann von Ihnen natürlich um weitere Inhalte oder zusätzliche Übungen zu einem Thema erweitert werden, sodass die Länge den Gegebenheiten Ihrer Zielgruppe dienlich ist. Auch können Sie für einzelne hier vorgeschlagene Übungen mehr Zeit einräumen. Die von uns eingeplante Zeit ist jeweils recht knapp bemessen, da es sich bei der Zielgruppe um Teilnehmer mit relativ viel Vorwissen handelt.

Im Folgenden stellen wir für interessierte Leser das Modell zur Trainingskonzeption und dessen Komponenten kurz dar. Mehr anwendungsorientierte Leser sind herzlich eingeladen, direkt mit dem ersten Kapitel zu beginnen oder mit jeder anderen, für sie interessanten Trainingseinheit.

Das Modell zur Trainingskonzeption

Das Modell zur Trainingskonzeption (Perels, Landmann & Schmitz, 2007) ist als ein unterstützender Leitfaden zu verstehen, der die für die Konzeptionsarbeit wesentlichen Systemgrößen einbezieht. Ein Vorgehen nach dem Trainingsmodell hilft dem Trainer deshalb, Fehler zu vermeiden. So zeigen gerade Trainingsanfänger typische Fehler, die durch eine systematische Planung, Konzeption und Gestaltung des Trainings z. B. mithilfe des Trainingsmodells vermieden werden können (wie etwa mangelnde Adaptivität des Trainings, zu optimistische Zeitplanung, zu wenig Methodenwechsel, keine Sicherung des Transfers des Gelernten in den Alltag der Teilnehmer usw.).

Das Trainingsmodell betrachtet neben der Trainingskonzeption sowie der Durchführung des Trainings („Training") als wichtige Faktoren für den Trainingserfolg auch die Person des Trainers mit seinen Fertigkeiten und seinem Verhalten in der Trainingssituation, die Teilnehmer sowie die Rahmenbedingungen, in denen das Training stattfindet. Diese vier Parameter werden im Folgenden näher erläutert.

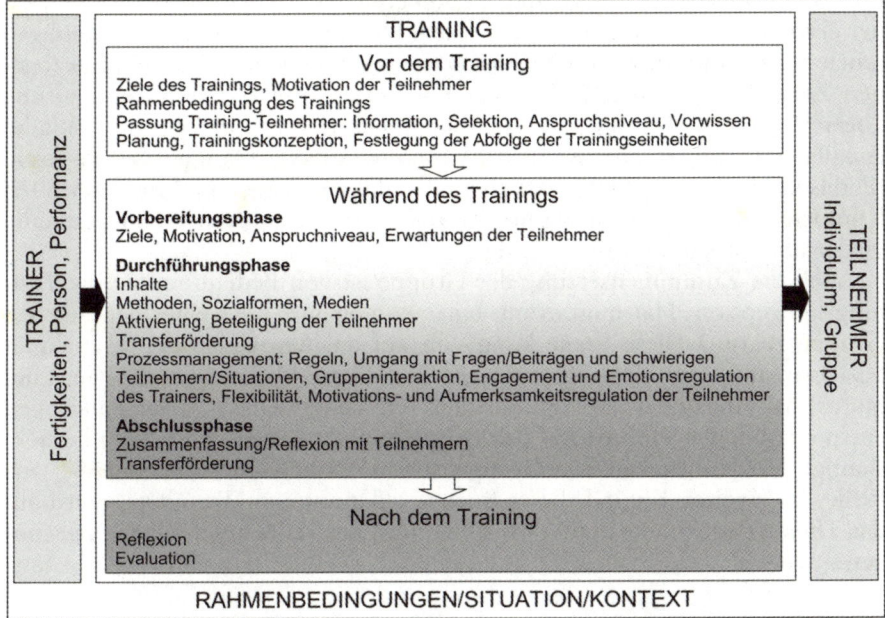

Abb. 1.1: Modell zur Trainingskonzeption und -durchführung nach dem Selbstregulationsansatz (aus Perels, Landmann & Schmitz, 2007)

a) Situation, Kontext, Rahmenbedingungen

Bei der Konzeption des Trainings muss der Kontext des Trainings mit einbezogen werden. In welchem Rahmen soll das Training stattfinden? Hier ist vor allem die Frage von Interesse, ob die Teilnahme an der Bildungsmaßnahme freiwillig erfolgt. Auch Informationen zum Termin der Veranstaltung, zu Örtlichkeiten und Räumlichkeiten sowie der vorhandenen Ausstattung sind in diesem Zusammenhang bedeutsam. Solche Informationen sollten vor Beginn der Konzeption erfragt werden, damit Trainingsinhalte und -methoden, aber auch die Dauer und der Ort an die Bedürfnisse der Teilnehmer und die Vorstellungen des Auftraggebers bestmöglich angepasst werden können. Das zweite Kapitel dieses Buches – „Planung von Trainings" – wird sich u. a. mit der Berücksichtigung der Rahmenbedingungen beschäftigen.

b) Teilnehmer

Die Teilnehmer haben einen wesentlichen Einfluss auf den Trainingsverlauf. Ihre Bedürfnisse sollten deshalb so gut wie möglich bei der Gestaltung des Trainings berücksichtigt werden. Dabei gilt es zum einen, den Teilnehmer als Individuum zu sehen und zum anderen, die Gruppe der Teilnehmer als Kollektiv zu betrachten.

Im Vorfeld sollten die Erwartungen und Bedürfnisse sowie die Befürchtungen der einzelnen Teilnehmer erfragt werden. Dies kann z. B. mittels Fragebögen (auch per E-Mail) oder (Telefon-)Interviews geschehen. Die trainingsbezogenen Ziele der einzelnen Teilnehmer und ihre motivationale Grundhaltung „beeinflussen die Bereitschaft der Teilnehmer, sich auf die Trainingsinhalte einzulassen und sie anzuwenden (Änderungs- bzw. Trainingsmotivation)" (Perels et al., 2007). Wichtig ist ebenfalls, das Vorwissen und die relevanten Kompetenzen zu erfassen, damit die Teilnehmer durch die Trainingsinhalte weder über- noch unterfordert werden.

Auch die Zusammensetzung der Gruppe ist von Bedeutung für die Trainingskonzeption: Hat man es mit einer homogenen oder einer heterogenen Gruppe zu tun? Diese Frage kann sich auf das Vorwissen der Teilnehmer beziehen, aber auch auf andere Faktoren, z. B. die Motivation, die Ziele, der Status, das Alter oder die Herkunft der Teilnehmer. Diese Variablen können einen erheblichen Einfluss auf das Gruppenklima haben und sollten berücksichtigt werden. Neben der Gruppenstruktur spielt auch ihre Größe eine Rolle. Im zweiten Kapitel dieses Buches „Planung von Trainings" wird auf das Thema Bedürfnisse und Voraussetzungen der Teilnehmer näher eingegangen.

c) Trainer

Der Trainer spielt eine entscheidende Rolle bei der Trainingskonzeption sowie bei der Durchführung. „Seine fachlichen, methodischen und sozialen Kompetenzen sind bedeutsam für den Trainingserfolg" (Perels et al., 2007). Mittels einer fundierten Ausbildung kann ein Trainer die notwendigen Fähigkeiten und Fertigkeiten erlernen und so seine Performanz entscheidend verbessern. Die Trainingseinheiten dieses Praxisbuches vermitteln einen Großteil der fachlichen und methodischen Kompetenzen, die ein Trainer zu einer guten Performanz benötigt: Wie plane ich eine Trainingseinheit, welche Methoden wende ich unter welchen Bedingungen an, wie führe ich ein Gespräch, wie gehe ich mit Fragen um? Die sozialen Kompetenzen werden im Verlauf einer fundierten Ausbildung durch ständiges Üben sowie das Feedback der anderen Teilnehmer und des Trainers erworben. Während der Ausbildung und auch danach, d. h. während der Ausübung des Berufes, ist außerdem die ständige Bereitschaft des Trainers zur Selbstreflexion über sein Vorgehen wichtig. Damit wird er in die Lage versetzt, sich persönlich weiterzuentwickeln sowie seine Kompetenzen und somit die Performanz zu erhöhen.

d) Das Training

Das Training gliedert sich in die Phasen „vor dem Training", „während des Trainings" und „nach dem Training". Dabei geht es „vor dem Training" um die inhaltliche und methodische Konzeption und Planung (vgl. Kapitel 2),

„während des Trainings" um die Durchführung (vgl. Kapitel 3 bis 9) und „nach dem Training" um die Evaluation und Reflexion (vgl. Kapitel 10).

Vor dem Training: Konzeptions- und Planungsphase

In der Phase vor dem Training werden die Rahmenbedingungen sowie die Erwartungen der Teilnehmer erfasst (s. o.). Auf der Basis dieser Informationen wird dann die Zielsetzung des Trainings bestimmt und es werden die Inhalte festgelegt. Bei der Ausgestaltung der Trainingsinhalte sollte auf eine Variation der Methoden und Medien geachtet werden, um eine anregende, aktivierende Vermittlung der Inhalte zu gewährleisten. Dies wirkt sich positiv auf die Motivation, die Aufmerksamkeit und die Mitarbeit der Teilnehmer aus. Kapitel 3 bis 5 dieses Praxisbuches beschäftigen sich eingehend mit alternativen Lehr- und Lernformen, Vortrags- und Diskussionstechniken sowie Spielen und Rollenspielen.

Auch die Sozialform sollte im Verlauf des Trainings regelmäßig variiert werden; dies ermöglicht eine optimale Anpassung an die jeweilige Aufgabenstellung. So ermöglicht eine Kleingruppenübung z. B. ein sehr intensives Bearbeiten und Üben eines Themas, während eine Plenumsdiskussion viele verschiedene Sichtweisen ans Licht bringen und so einen veränderten Blickwinkel ermöglichen kann. Neben diesen inhaltlichen und methodischen Überlegungen müssen Formalia wie Anzahl und Dauer der Trainingseinheiten sowie Gestaltung der Trainingsmaterialien festgelegt werden.

Während des Trainings: Durchführungsphase

Die Durchführungsphase lässt sich wiederum in drei Phasen unterteilen: Vorbereitung, Durchführung und Abschluss. Hierbei geht es um das Vorgehen in einer konkreten Trainingssitzung.

Direkt zu Trainingsbeginn, in der *Vorbereitungs- und Aufwärmphase,* werden noch einmal die Ziele, die Motivation und die Erwartungen der Teilnehmer erfragt und mit dem geplanten Ablauf des Trainings abgeglichen. Dies kann in einer Anfangsrunde mit den Teilnehmern geschehen, in der z. B. im Rahmen einer kurzen Selbstvorstellung die Erwartungen und Befürchtungen genannt werden. Ein zusätzlicher Vorteil einer solchen Anfangsrunde ist, dass die Teilnehmer willkommen geheißen werden und ihnen Gelegenheit gegeben wird, sich auf das Training und die anderen Teilnehmer einzustellen. Falls nötig, werden die geplanten Trainingsinhalte und/oder -methoden vom Trainer kurzfristig noch einmal der Situation und den Teilnehmern angepasst.

Danach beginnt die eigentliche *Durchführungsphase,* in der den Teilnehmern die Inhalte mittels der gewählten Methoden und Medien vermittelt werden. Während des gesamten Trainings ist das Prozessmanagement zentral. Prozessmanagement meint hier die handlungsbegleitenden und handlungsleitenden Maßnahmen des Trainers (Becker, 1998). Handlungsbegleitende Maßnahmen beinhalten z. B. den adäquaten Umgang mit Fragen und Beiträgen der Teilnehmer, d. h. das wertschätzende Eingehen auf diese, das Herstellen eines Bezugs zum Thema und das Anbieten von Trainingshilfen. Handlungsleitende Maßnahmen dagegen umfassen die Motivation zum Lernen und Weiterarbeiten, den Wechsel der Lehrmethode und das Einbringen neuer Inhalte. Auch der Umgang mit schwierigen Teilnehmern und Situationen ist eine Frage des Prozessmanagements. Auf handlungsleitende und -begleitende Maßnahmen wird in diesem Praxisbuch in den Kapiteln 6 und 7 näher eingegangen.

Von zentraler Bedeutung für den Trainingserfolg ist der Transfer der Trainingsinhalte in den Alltagskontext der Trainingsteilnehmer, sodass eine langfristige Verhaltensänderung durch das Training erreicht wird. Häufig gelingt dieser Transfer nicht oder nicht in ausreichendem Maße (Hattie, Biggs & Purdie, 1996; Lemke, 1995). Die aktive Förderung ist daher äußerst wichtig. Kapitel 8 dieses Buches beschäftigt sich ausführlich mit der Transferförderung.

Das Training endet mit einer Abschlussphase, in der die wesentlichen Trainingsinhalte zusammengefasst und reflektiert werden. Ziel dieser Abschlussrunde ist es auch, den Transfer des Gelernten in den Alltag der Teilnehmer zu sichern. Kapitel 9 dieses Praxisbuches stellt verschiedene Methoden vor, wie eine Abschlussphase gestaltet werden kann, und vermittelt zudem konkrete Maßnahmen zur Transferförderung. In dieser Phase bietet es sich außerdem an, eine erste Evaluation des Trainings vorzunehmen, indem das Meinungsbild der Teilnehmer bezüglich der Trainingsinhalte, der Durchführung und des Arbeitsklimas erfragt wird. Hierbei können beispielsweise ein „Blitzlicht" oder eine zweidimensionale Punkteabfrage (z. B. zur Zufriedenheit und zum Lerngewinn der Teilnehmer) als einfache aber effektive Evaluationsmethoden angewendet werden. Ein Wissenstest, ein Vorher-Nachher-Vergleich mittels Fragebogen oder eine Zeitreihenanalyse mit mehreren Messzeitpunkten vor, während und nach dem Training sind aufwendiger, ermöglichen dafür ein differenziertes Bild über den Trainingserfolg und dessen Ursachen. Das letzte Kapitel dieses Buches geht auf die verschiedenen Evaluationsebenen (Kirkpatrick, 1987) sowie Evaluationsmethoden ein.

Nach dem Training: Reflexionsphase

In der Phase nach dem Training geht es um die persönliche Reflexion des Trainers über das Training. Dazu sollten die gewonnenen Informationen aus der Evaluation der Teilnehmer ausgewertet werden und in die Reflexion einfließen. Zentral ist dabei die Überlegung, ob die Trainingsziele erreicht wurden und welche Faktoren dazu beigetragen haben. „Werden die Trainingsziele nicht erreicht, können falsche Strategien und Maßnahmen genauso eine Rolle spielen, wie zu hohe oder zu niedrige Ziele" (Perels et al., 2007). Neben den Trainingszielen ist es von Bedeutung, die positiven und negativen Erfahrungen zu rekapitulieren und daraus Konsequenzen für die Zukunft abzuleiten. Welche Übungen waren erfolgreich? Welche Inhalte sind besonders verständlich vermittelt worden? Welche Methoden kamen bei den Teilnehmern gut an? Welche Teilnehmerkommunikation war gelungen? Wie gelang es, die Teilnehmer zu motivieren?

Literatur

Becker, G. E. (1997). *Planung von Unterricht. Handlungsorientierte Didaktik*, Teil I, (7. Aufl.). Weinheim/Basel: Beltz.

Becker, G. E. (1998). *Durchführung von Unterricht. Handlungsorientierte Didaktik.* Weinheim/Basel: Beltz.

Hattie, J., Biggs, J. & Purdie, N. (1996). Effects of learning skills interventions on student learning: A metaanalysis. *Review of Educational Research, 66*, 507–542.

Kirkpatrick, D. L. (1987). Evaluation of Training. In R. L. Craig (Ed.), *Training and development handbook: A guide to human resource development* (pp. 301–319). New York: McGraw-Hill.

Lemke, S. G. (1995). *Transfermanagement.* Göttingen: Verlag für Angewandte Psychologie.

Perels, F., Landmann, M. & Schmitz, B. (2007). Trainingskonzeption und Selbstregulation. In M. Landmann & B. Schmitz (Hrsg.), *Selbstregulation erfolgreich fördern. Praxisnahe Trainingsprogramme für effektives Lernen.* Stuttgart: Kohlhammer.

1 Exemplarische Gesamtsitzung

Der Inhalt dieser ersten hier vorgestellten Trainingseinheit betrifft die Fragestellung, wie der Aufbau einer Trainingssitzung theoretisch gestaltet sein sollte, um ein effektives Lernen zu ermöglichen und den Transfer des Gelernten in den (Berufs-)Alltag zu sichern. Dieses Wissen über die richtige Abfolge einzelner Trainingsabschnitte bildet die Grundlage für alle Trainings und wird daher am Anfang dieses Buches vermittelt.

Der Inhalt wird in dieser Einheit auf zwei Ebenen dargeboten: Erstens bekommen die Teilnehmer theoretisch erläutert, wie man eine Einheit aufbauen sollte und in welcher Reihenfolge die einzelnen Übungen und Sequenzen aufeinander folgen sollten. Zweitens dient diese erste Einheit als exemplarische Gesamtsitzung. Das bedeutet, dass sie sich an eben diese Abfolge einer Trainingseinheit hält. So soll den Teilnehmern nicht nur theoretisch vermittelt werden, wie man eine Sitzung aufbaut, sondern sie sollen dies auch unmittelbar selbst erfahren.

1.1 Analytischer Teil

1.1.1 Sachanalyse

Eine Trainingseinheit kann nach Silberman (1998) in fünf verschiedene Phasen unterteilt werden:

- Opening Exercises
- Building Blocks
- Middle Activities
- Advanced Knowledge and Skills
- Application Activities

Nicht immer werden in jedem Training alle fünf Phasen durchlaufen. Es ist oft schon aus zeitlichen Gründen nicht möglich, alle Phasen zu berücksichtigen. Dennoch sind diese fünf Phasen ein gutes Gerüst, an dem man sich bei der Konzeption von Trainings orientieren kann. Insbesondere bei längeren Trainings, die über einen oder mehrere Tage gehen, sollte diese Abfolge Berücksichtigung finden und bei der Planung mit einbezogen werden.

Ziel der Phase *„Opening Exercises"* ist es, das Interesse der Teilnehmer am Thema zu wecken, den Teamaufbau zu unterstützen und sich gegenseitig kennenzulernen. Des Weiteren sollten die Hauptinhalte des ersten Trainingsteils vorgestellt werden. Dieser Teil ist folglich dazu da, die Teilnehmer auf das Training einzustimmen. Es gilt zu beachten, dass am Anfang des Trainings keine Übungen gewählt werden sollten, die fehlendes Wissen oder Schwächen der Teilnehmer aufdecken könnten. Übungen zum Kennenlernen können mit der ganzen Gruppe, aber auch in Zweiergruppen, die sich anschließend gegenseitig der Gruppe vorstellen, durchgeführt werden. Übungen zum Teamaufbau sind vor allem bei mehrtägigen Seminaren und Trainings wichtig oder wenn die Gruppe über einen längeren Zeitraum bestehen bleibt. Dann sollte hierfür auch genügend Zeit eingeplant werden.

In der Phase des „Building Blocks" geht es im Wesentlichen darum, den Teilnehmern das Grundwissen und die Grundfertigkeiten zu vermitteln. Wichtig ist hier das aktive Einbeziehen der Teilnehmer durch alternative Lehrmethoden und Gruppenübungen (diese werden in Kapitel 3 und 4 ausführlich beschrieben). Es kann an dieser Stelle z. B. eine Diskussion über das Thema geführt werden oder auch eine Gruppenübung gemacht werden, die eine Hinführung zu dem Thema ist. Das Grundwissen kann weiterhin mittels Präsentationen oder auch durch Texte vermittelt werden.

Im Trainingsteil „Middle Activities" sind die Wiederholung der Inhalte des Building Blocks und die Hinführung auf die Inhalte des nächsten Trainingteils relevant. Hier ist Platz für Rollenspiele, Simulationen oder auch Fallstudien, die das vermittelte Wissen vertiefen und festigen.

In der Phase „Advanced Knowledge and Skills" ist es das Ziel, die Kursinhalte auf schwierigerem Niveau aufzubereiten und Anwendungsstrategien für den Alltag zu erarbeiten, um den Transfer zu sichern. Dabei sollten die zuvor erlernten Fähigkeiten genutzt und vertieft werden können. Auch hier ist Platz für Rollenspiele, Simulationen und Übungen.

In der letzen Trainingsphase, der Phase der „Application Activities", stehen Transferübungen im Zentrum des Geschehens. Die Teilnehmer werden dazu aufgefordert, das Erlernte auf neue Aufgaben und Probleme anzuwenden, die sich ihnen im (Berufs-)Alltag stellen. Auch Hindernisse, die bei der Umsetzung des neuen Wissens im Alltag auftreten können, sollten bereits hier besprochen und bearbeitet werden. Die Umsetzung des Gelernten kann man z. B. durch „Verträge" der Teilnehmer mit sich selbst, mit dem Trainer oder einem anderen Teilnehmer fördern. Weiterhin kann man die Teilnehmer bitten, einen Handlungsplan zu erarbeiten, der detailliert festlegt, wie sie vorgehen wollen, um das neu erworbene Wissen in ihre Arbeit/ihren Alltag zu integrieren. Des Weiteren können in dieser Phase zur Überprüfung des theoretisch erworbenen Wissens Frage-und-Antwort-Spiele durchgeführt werden.

1.1.2 Didaktische Analyse

Am Anfang dieser Trainingseinheit stellen die Trainer eine Einstiegsfrage, welche die Teilnehmer aktiviert, über das Thema der Sitzung nachzudenken. Durch die Frage nach Negativbeispielen („Wie viele Seminare haben Sie schon besucht, von denen Sie wenig profitiert haben?") wird der Blick darauf gelenkt, was bei Seminaren alles schlecht laufen kann und dadurch eine Motivation geschaffen, zu lernen, wie man Trainings effektiv gestaltet.

Da diese „exemplarische Gesamtsitzung" hier als erste Einheit in einer Reihe von Trainings vorgestellt wird, ist zu Beginn ein Kennenlernspiel für die Teilnehmer eingeplant. Kennenlernspiele sind immer zu Beginn neuer Trainings durchzuführen, auch wenn sich viele Teilnehmer bereits kennen. Das Spiel dient der Gruppe zum Kennenlernen, dem Trainer verhilft es zusätzlich zu einem Überblick über die Erwartungen der Teilnehmer an das Training.

Zur Aktivierung der Teilnehmer und als Einstieg dient eine Kleingruppenübung zum Thema „Wie ist eine gute Trainingssitzung aufgebaut?" bzw. „Welche Fehler können beim Aufbau von Trainingssitzungen gemacht werden?" Im Rückgriff auf ihre bisherigen Erfahrungen bei Trainings wird den Teilnehmern deutlich, wie viel sie bereits zum Thema „Gestaltung einer Trainingssitzung" wissen. Beim anschließenden Zusammentragen und Diskutieren der Ergebnisse an der Metaplan-Wand sollen die Teilnehmer wichtige Aspekte und häufige Fehler bei der Gestaltung von Trainingseinheiten selbst erarbeiten.

Nach einer Pause folgt der Theorieblock, in dem der ideale Sitzungsaufbau nach Silberman (1998) vorgestellt wird. Wenn möglich, wird Bezug genommen auf die bereits von den Teilnehmern in der Übung erarbeiteten Punkte.

In einer weiteren Übung wird das im Theorieblock vermittelte Wissen von den Teilnehmern vertieft und angewendet. Die Teilnehmer erhalten die Beschreibung einer Trainingseinheit, bei der die Abfolge der einzelnen Trainingsbestandteile nicht stimmt. Aufgabe der Teilnehmer ist es, den Ablauf in eine sinnvolle Reihenfolge zu bringen. Durch die Arbeit in Zweiergruppen besteht die Möglichkeit, sich ausführlich mit dem Material zu beschäftigen und zu diskutieren. Die aktive Auseinandersetzung mit dem zuvor erworbenen theoretischen Wissen ermöglicht den Transfer zur praktischen Anwendung. Anschließend werden die Ergebnisse im Plenum gesammelt, und die richtige Reihenfolge wird am Flipchart noch einmal für alle Teilnehmer veranschaulicht. Als Wiederholung werden in einem kurzen Vortrag die Inhalte der Einheit zusammengefasst und die Teilnehmer erhalten ein Handout.

Zum Abschluss folgt ein Blitzlicht, um die Reaktionen der Teilnehmer auf diese erste Einheit zu erfassen und sie anzuregen, über die Inhalte der Sitzung zu reflektieren.

1.1.3 Analyse der Lernvoraussetzungen: Vorkenntnisse, Motivation

Es ist immer wichtig, die Vorkenntnisse und die Motivation der Teilnehmer zu erfassen, um Inhalt und Gestaltung des Trainings darauf abzustimmen. In dieser Einheit werden die Vorkenntnisse und auch die Motivation am Anfang des Trainings erfragt. Die Vorkenntnisse werden durch folgende Frage erfasst: „Wie viele Seminare haben Sie schon besucht, von denen Sie wenig profitiert haben?" Durch die Frage nach den Trainingserwartungen im Kennenlernspiel wird die Motivation der Teilnehmer indirekt mit erhoben.

Es kann davon ausgegangen werden, dass nahezu jeder Seminarteilnehmer in der Vergangenheit bereits Seminare besucht hat – sowohl gute als auch solche, bei denen der Lerneffekt gering war. Durch diese Erfahrungen verfügen die Teilnehmer über implizites Vorwissen. Die Erfahrung schlecht gestalteter Seminare motiviert darüber hinaus dazu, einen effektiven und sinnvollen Trainingsaufbau zu lernen.

Es kann natürlich auch sehr sinnvoll sein, das ==Vorwissen und die Motivation der Teilnehmer== über einen Fragebogen zu erfassen, der ihnen bereits im Vorfeld des Trainings zugesandt wird. So können die Inhalte noch besser an die Teilnehmer und deren Bedürfnisse angepasst werden.

1.2 Entscheidungsteil

1.2.1 Lernziele

Nach dem Training sollen die Teilnehmer folgende Kompetenzen erworben haben:

- Die Phasen eines Trainingsablaufs nach Silbermann benennen können,
- erkennen können, welche Übungen in welche Phase gehören,
- einen eigenen Sequenz- und Ablaufplan für ein Training richtig gestalten können.

1.2.2 Methoden und Medien

Die Einstiegsfrage „Wie viele Seminare haben Sie schon besucht, von denen Sie wenig profitiert haben?" wird zu Beginn der Trainingssitzung im Plenum gestellt. Das daran anschließende Kennenlernspiel wird ebenfalls mit der ganzen Gruppe durchgeführt. Die Teilnehmer sitzen im Stuhlkreis und werfen sich in beliebiger Reihenfolge einen Ball zu. Wer ihn fängt, stellt sich mit Namen, Alter und Beruf vor und formuliert kurz seine Erwartungen an das Training. Auf Tafel oder Flipchart sind für alle sichtbar die Leitfragen für die Vorstellungsrunde festgehalten.

Während der theoretischen Einleitung wird auf dem Flipchart der Ablauf der Einheit dargestellt. Der Ablaufplan wird so angebracht, dass er die ganze Sitzung über zu sehen ist.

In der folgenden Einstiegsübung wird in Kleingruppen à vier Personen gearbeitet. Die eine Hälfte der Gruppen überlegt sich Stichpunkte zu der Frage „Wie sollte eine gute Trainingssitzung aufgebaut sein?", die andere Hälfte zu der Frage „Welche Fehler können beim Aufbau von Trainingssitzungen gemacht werden?" Die Gruppen erhalten zusätzlich zu den mündlichen Instruktionen auch schriftliche sowie farbige Papierkarten und Stifte. Zum anschließenden Sammeln der Ergebnisse wird eine Metaplan-Wand mit einer Zwei-Felder-Tafel (Gute Trainingssitzung/Fehler in Trainingssitzungen) verwendet. Der Vortrag im Theorieblock wird mit einer PowerPoint-Präsentation visuell unterstützt.

Für die anschließende Übung bilden die Teilnehmer Zweiergruppen. Sie erhalten dann eine schriftliche Instruktion und den Sequenzplan einer Trainingssitzung, in dem die einzelnen Bestandteile in der falschen Reihenfolge aufgeführt sind. Die Teilnehmer überlegen sich in Partnerarbeit eine sinnvolle und nach den fünf Phasen gestaltete Abfolge der Übungen. Am Schluss wird im Plenum die richtige Reihenfolge besprochen und am Flipchart noch einmal verdeutlicht. Die Zusammenfassung der Inhalte der Trainingseinheit erfolgt als kleiner PowerPoint-Vortrag. Die Teilnehmer erhalten dazu ein Handout.

1.2.3 Evaluation

Um die Veranstaltung im Nachhinein zu evaluieren, erfolgt am Ende der Einheit ein kurzes Blitzlicht mit den Teilnehmern. Dies ermöglicht den Trainern, ein Feedback zu bekommen und bestimmte Kritikpunkte in einem nächsten Training umzusetzen. Sollte mehr Zeit vorhanden sein, können zusätzlich noch anonyme Fragebögen zur Evaluation der Veranstaltung eingesetzt werden, welche sowohl die Inhalte als auch die Performanz der Trainer abfragen (s. Anhang A 1.2). Dadurch erhält man ein ausführlicheres Feedback. Auf ein Blitzlicht als Trainingsabschluss sollte allerdings nie verzichtet werden, da dies den Teilnehmern ermöglicht, sich direkt an den Trainer zu wenden und Gefühle und Gedanken zum Training unmittelbar zu verbalisieren.

1.2.4 Transferüberlegungen

Die Teilnehmer sollten den richtigen Aufbau von Trainingseinheiten als sinnvolle und wichtige Grundlage eines Trainings erkennen. Wünschenswert wäre es, wenn die Seminarteilnehmer das Gelernte in zukünftigen, eigenen Trainings umsetzen und anwenden könnten, d. h. selbst Trainingseinheiten mit einem guten und transferfreundlichen Aufbau gestalten.

1.2.5 Geplanter Verlauf

- Begrüßung der Teilnehmer und Vorstellung des Trainerteams
- Frage an die Teilnehmer, ob sie schon an schlechten Trainings teilgenommen haben
- Kennenlernspiel
- Überblick über die Trainingsinhalte
- Einstiegsübung: Wie sieht ein guter Aufbau eines Trainings aus?/Welche Fehler können beim Aufbau gemacht werden?
- Pause
- Theorie zum Aufbau einer Trainingssitzung
- Übung: Ordnen einer Trainingseinheit
- Zusammenfassung der Einheit
- Blitzlicht

1.2.6 Sequenzplan der Einheit „Exemplarische Gesamtsitzung"[1]

Dauer [min]	Sequenz	Inhalt	Ziel	Sozialformen	Bemerkungen	Medien	Material
6	Begrüßung	Vorstellung der Trainer; Einstiegsfrage, um Interesse zu wecken: „Wie viele Seminare haben Sie schon besucht, von denen Sie wenig profitiert haben?"	Vorstellung des Trainer-Teams; Interesse der Teilnehmer wecken („der gute Anfang"); Trainingsbedarf klären	Kurze Ansprache mit anschließender Diskussion			
10	Kennenlernspiel	Teilnehmer sitzen im Kreis, der Trainer wirft einem Ball zu, dieser stellt sich vor (Name, Alter, Beruf, Trainingserwartungen) und wirft den Ball einem anderen Teilnehmer zu	Kennenlernen; Erwartungen der Teilnehmer erfassen	Ballspiel in der ganzen Gruppe		Tafel oder Flipchart, um die Fragen zur Vorstellung zu visualisieren	Tafel oder Flipchart, Ball

[1] Der Sequenzplan kann zusätzlich um die Spalten „Zeit" und „Trainer" ergänzt werden. In die Zeitspalte können Beginn und Ende jeder Sequenz eingetragen werden, dies ermöglicht die Überwachung des Zeitmanagements. In die Spalte „Trainer" kann, wenn das Training von mehreren Trainern durchgeführt wird, eingetragen werden, welcher Trainer welche Übung oder Theorie leitet. Für unerfahrene Seminarleiter haben sich besonders die Spalten „erwartete Reaktion der Teilnehmer" sowie „alternative Reaktion der Teilnehmer und „Reaktion des Trainers" bewährt: Diese regen zur Antizipation des Teilnehmerverhaltens an und ermöglichen dem Leitenden, sich im Vorfeld eine Handlungsweise zu überlegen, falls die Teilnehmer nicht wie gewünscht reagieren.

1.2 Entscheidungsteil

Dauer [min]	Sequenz	Inhalt	Ziel	Sozialformen	Bemerkungen	Medien	Material
4	Einleitung und Überblick über den Ablauf der Sitzung	Ziel dieser ersten Einheit vorstellen: Aufbau und Gestaltung von Trainingssitzungen; Überblick geben	Teilnehmern Klarheit über den Ablauf geben, damit sie wissen, was sie erwartet	Ansprache	Ablaufplan so anbringen, dass er die ganze Zeit über sichtbar ist	Flipchart	Flipchart
20	Einstiegsübung	„Wie sollte eine gute Trainingssitzung aufgebaut sein?", „Welche Fehler können beim Aufbau von Trainingssitzungen gemacht werden?"	Aktivierung der Teilnehmer und ihres Vorwissens	Kleingruppenübung (vier Personen pro Gruppe): die eine Hälfte der Gruppen bearbeitet Frage eins, die andere Frage zwei; Notieren der Ergebnisse auf Papierkarten; anschließend Zusammentragen der Ergebnisse und Diskussion an der Metaplan-Wand	Einteilen der Gruppen: Durchzählen von eins bis vier und in den Gruppen zusammenfinden	Metaplan-Wand (Zwei-Felder-Tafel)	Metaplan-Wand, Instruktionen, Karten in zwei Farben (für die beiden Fragen) und Stifte
10	Pause						

1 Exemplarische Gesamtsitzung

Dauer [min]	Sequenz	Inhalt	Ziel	Sozialformen	Bemerkungen	Medien	Material
10	Theorieblock	Sitzungsaufbau nach Silberman: Opening Exercises, Building Blocks, Middle Activities, Advanced Knowledge and Skills, Application Activities	Theoretisches Wissen zum Trainingsaufbau vermitteln	Vortrag		PowerPoint-Präsentation	Laptop, Beamer
15	Übung	Teilnehmer erhalten Ablauf und Inhalt einer Trainingssitzung, der Ablauf ist durcheinander; Teilnehmer bringen den Ablauf in eine sinnvolle Reihenfolge; Zusammentragen der Ergebnisse	Vertiefung und aktive Anwendung des im Theorieblock erworbenen Wissens	Zweiergruppen, anschließend Sammeln im Plenum	Sitznachbarn bilden eine Gruppe	Flipchart zum Zeigen der richtigen Reihenfolge am Schluss	Instruktionen, Fallbeschreibungen, Papier zum Sortieren
5	Abschluss	Zusammenfassung und Überblick über die Ergebnisse	Zusammenfassung der Trainingsinhalte zur Wiederholung und Festigung	Vortrag		PowerPoint-Präsentation	Laptop, Beamer
10	Blitzlicht	Reaktionen und Reflexionen der Teilnehmer	Erkennen, was den Teilnehmern gefallen hat und was nicht	Plenum			

1.2.7 Beschreibung des Ablaufs

Die Trainer stellen sich zu Beginn der ersten Trainingseinheit vor. Um das Interesse an dem Thema zu wecken, werden die Teilnehmer gefragt, an wie vielen Seminaren oder Trainings sie schon teilgenommen haben, von denen sie wenig profitiert haben.

Nach dieser kurzen Diskussion folgt eine Kennenlernrunde. Die Teilnehmer setzen sich hierzu im Kreis und werfen sich einen Ball zu. Wer den Ball fängt, soll sich mit seinem Namen vorstellen, seinen Beruf nennen und sagen, was er von dem Training erwartet.

Anschließend wird den Teilnehmern ein Überblick über die Inhalte und Ziele der Trainingseinheit gegeben. Es folgt eine Übung, in der die Teilnehmer erst einmal ohne Vorwissen in Gruppen überlegen sollen, wie eine gute Trainingssitzung aufgebaut sein sollte und welche Fehler dabei gemacht werden können. In den Kleingruppen wird jeweils nur versucht eine Frage zu beantworten, und die Ergebnisse werden danach an einer Metaplan-Wand zusammengetragen und diskutiert.

Erst jetzt folgt ein Theorieblock zu dem Thema „Aufbau einer Trainingssitzung", welcher in Form einer Präsentation gehalten wird.

Nach diesem Theorieblock sollen die Teilnehmer in einer weiteren Übung in Zweiergruppen ihr neu erworbenes Wissen anwenden. Hierzu wird den Teilnehmern der Sequenzplan einer Trainingseinheit ausgehändigt, bei dem allerdings die Abfolge der Übungen nicht richtig ist. Aufgabe der Teilnehmer ist es daher, diesen Sequenzplan in die richtige Reihenfolge zu bringen (s. Anhang A 1.1).

Zum Abschluss folgen eine kurze Zusammenfassung der Einheit und ein Blitzlicht, in dem die Teilnehmer über diese Einheit reflektieren.

1.3 Bewertung

Das Besondere dieser Trainingssitzung ist die Vermittlung der theoretischen Inhalte auf der Basis einer exemplarischen Gesamtsitzung. Den Teilnehmern wird so das Wissen auf zweierlei Wegen vermittelt, was zu einem besseren Lerneffekt führt.

Durch die Abklärung der Vorerfahrung soll ein positiver und aktiver Einstieg in die Problematik gefunden werden. Das Kennenlernspiel dient ebenfalls der Aktivierung und der Schaffung einer vertrauensvollen Arbeitsatmosphäre. Insbesondere bei der Einstiegsfrage in das Training sollte genügend Zeit für eine Diskussion eingeräumt werden.

Auch im weiteren Verlauf enthält die Trainingssitzung viele aktivierende Elemente. Es sind alle Übungen als Gruppenübungen konzipiert, da Einzelübungen in der ersten Trainingseinheit als aversiv empfunden werden können. Insgesamt sollte in dieser ersten Einheit nach allen Übungen ausreichend

Zeit für Diskussionen eingeplant werden, damit alle Unklarheiten und auch Fragen geklärt werden können.

Wichtig ist, dass alle Vorbereitungen abgeschlossen sind, wenn die Teilnehmer eintreffen. Dies verhindert unnötige Unruhe im weiteren Trainingsverlauf und gilt für alle Trainings.

Generell sollten alle Instruktionen schriftlich formuliert, kopiert und erst nach den Gruppeneinteilungen ausgegeben werden, da sonst zum einen Ungewissheit über die weitere Vorgehensweise und zum anderen Unruhe entstehen kann.

Um Unstimmigkeiten im Ablauf zu vermeiden, sollte dieser genau geplant und durchdacht werden und auf Einzelheiten (z. B. genügend Material für alle Teilnehmer, Sitzordnung während und zwischen den Übungen) geachtet werden. Dies gilt insbesondere bei dieser Sitzung, da sie als exemplarische Gesamtsitzung konzipiert ist und daher reibungslos verlaufen sollte, um den bestmöglichen Effekt zu erzielen.

Besonders bei der Einstiegsfrage „Wie viele Seminare haben Sie schon besucht, von denen Sie wenig profitiert haben?" besteht die Gefahr, dass von den Teilnehmern zu wenig Antworten kommen. In diesem Fall sollten die Trainer kurz eigene Erfahrungen berichten, um so „das Eis zu brechen" und die Teilnehmer zur Mitarbeit zu aktivieren. Während der Einstiegsübung sollten die Trainer auf Gruppen achten, denen nichts einfällt und diesen Hilfestellungen geben.

Literatur

Silberman, M. (1998). *Active training. A handbook of techniques, designs, case examples and tips* (2. ed.). New York: Macmillan, Inc.

Anhang: Exemplarische Gesamtsitzung

A 1.1   Übung: Wie sieht der richtige Ablauf aus?

Liebe Seminarteilnehmer/innen,

Sie sehen hier einen Ablaufplan für ein Training in Form eines Sequenzplans. Dieser Plan ist etwas durcheinander geraten, d. h. er ist nicht in der richtigen Reihenfolge. Sie haben nun zehn Minuten Zeit, das gerade Gelernte auf diesen Plan anzuwenden und ihn in die richtige Reihenfolge zu bringen (Opening Exercises, Building Blocks, Middle Activities, Advanced Knowledge and Skills und Application Activities). Bitte tragen Sie Ihre Ergebnisse auf dem Plakat, das wir Ihnen ausgeteilt haben, zusammen.

   Lassen Sie sich dabei nicht irritieren, dass Sie die Inhalte des Trainings nicht kennen. Man kann auch so die richtigen Phasen zuordnen.

Viel Spaß!

1 Exemplarische Gesamtsitzung

Zeit	Dauer	Sequenz	Inhalt	Ziel	Methode	Medien	Material	Trainer
8:00	2 min.	Übung 1	Instruktion	Anleitung	Vortrag	Laptop, Beamer	DIN-A4-Blatt, PowerPoint-Präsentation mit Modell	Trainer 1
8:02	5 min.		Kleingruppenarbeit zur ersten Phase des Modells	Vertiefung	Kleingruppenarbeit			Trainer 1
8:07	2 min.	Begrüßung	Vorstellung der Gruppe; Einleitung ins Thema	Übersicht über die Trainingseinheit	Vortrag	Laptop, Beamer	PowerPoint-Präsentation	Trainer 2
8:09	10 min.	Theorieblock	Definition der relevanten Begriffe; Vorstellung der drei Phasen des Prozessmodells	Grundlagen vermitteln	Vortrag	Laptop, Beamer	PowerPoint-Präsentation	Trainer 2
8:19	2 min.	Transferaufgabe	Instruktion Transferaufgabe	Aufgabenverständnis	Vortrag		Instruktion	Trainer 3
8:21	17 min.		Kleingruppenarbeit	Transfer des vermittelten Wissens	Kleingruppenarbeit		Handout	Trainer 3
8:38	10 min.		Diskussion	Vorstellen der Ergebnisse und diskutieren			Erarbeitete Poster	Trainer 3

Anhang

Zeit	Dauer	Sequenz	Inhalt	Ziel	Methode	Medien	Material	Trainer
8:48	5 min.	Kennenlernrunde	Teilnehmer stellen sich kurz der Reihe nach mit Namen vor	Teilnehmer lernen sich gegenseitig kennen				Trainer 4
8:53	19 min.	Feedback	Seminarteilnehmer geben den Trainern Rückmeldung, wie die Stunde war	Verbesserungsmöglichkeiten für das nächste Mal bekommen				Trainer 4
9:12	5 min.	Übung 2	Quiz	Wissen abfragen	Quiz/Kreuzworträtsel			Trainer 1
9:17	5 min.		Kleingruppenarbeit zur zweiten und dritten Phase des Modells	Vertiefung	Kleingruppenarbeit		Modell, Metaplan-Karten	Trainer 1
9:22	5 min.		Ergebnisdiskussion	Klären und diskutieren unterschiedlicher Standpunkte	Metaplan-Karten an der Wand sammeln		Metaplan-Wand	Trainer 1
9:27	3 min.	Verabschiedung	Zusammenfassung der Stunde; Austeilen der Hausaufgabe	Rückblick	Vortrag	Laptop, Beamer	PowerPoint-Präsentation, Hausaufgabe	Trainer 1
9:30	5 min.	Übung 3	Fragebogen zur Lernzielformulierung	Wie möchte ich das Modell in meine Arbeit integrieren?	Fragebogen		Blatt mit Kreuzworträtsel	Trainer 2
9:35	5 min.		Diskussion der Ergebnisse	Den Transfer zur Arbeit hinbekommen	Diskussion			Trainer 4

A 1.2 Evaluationsbogen

Ihre Meinung ist uns wichtig!

Liebe Teilnehmer/innen,

wir möchten von Ihnen gerne wissen, wie Sie dieses Seminar beurteilen, damit wir wissen, was wir beim nächsten Mal besser machen können.
Was hat Ihnen gut gefallen, was fanden Sie nicht so gut?
Diese Bögen werden anonym eingesammelt.

Bitte beurteilen Sie die folgenden Aussagen auf der Skala von „Trifft voll und ganz zu" bis „Trifft überhaupt nicht zu".

	Trifft überhaupt nicht zu	Trifft überwiegend nicht zu	Trifft eher nicht zu	Trifft eher zu	Trifft überwiegend zu	Trifft voll und ganz zu
Die Themen waren interessant.	☐	☐	☐	☐	☐	☐
Die Vorgehensweise war angemessen.	☐	☐	☐	☐	☐	☐
Ich habe wichtige Anregungen erhalten.	☐	☐	☐	☐	☐	☐
Ich sehe Umsetzungsmöglichkeiten für meine Arbeit.	☐	☐	☐	☐	☐	☐
Das Seminar hat mir insgesamt sehr gut gefallen.	☐	☐	☐	☐	☐	☐
Mein persönlicher Lerngewinn war hoch.	☐	☐	☐	☐	☐	☐

Gut fand ich:

Verbesserungsvorschläge/Anregungen:

Vielen Dank!

2 Planung von Trainings

In dieser Trainingseinheit erfahren die Teilnehmer, was bei der Planung eines Trainings zu beachten ist. Dabei werden die notwendigen Schritte durchgespielt bzw. angesprochen.

Zusätzlich zu den vorhandenen Rahmenbedingungen sind vor Beginn eines Trainings die Voraussetzungen und Bedürfnisse zu erfassen. Dies betrifft nicht nur die Teilnehmer, auch vonseiten der Trainer müssen die einsetzbaren Fertigkeiten und Erfahrungen bei der Planung eines Trainings mit in die Überlegungen einfließen. Für das Formulieren der Lernziele wird ein Modell vorgestellt. Nächste Schritte sind dann die Auswahl und das Formulieren der Lerninhalte. Ein besonderes Augenmerk sollte bei der Gestaltung des Trainings auf häufig wechselnde Methoden und Sozialformen gelegt werden. Schließlich ist die Abfolge der einzelnen Trainingsabschnitte zu beachten. Diese baut auf dem Wissen der ersten Einheit auf, in welcher der Aufbau einer Trainingssitzung vorgestellt wurde.

2.1 Analytischer Teil

2.1.1 Sachanalyse

In dieser Trainingssitzung werden die notwendigen Schritte beim Planen eines Trainings vermittelt. Im Folgenden werden die einzelnen zu berücksichtigenden Komponenten knapp dargestellt.

Bedürfnisse und Voraussetzungen

Im ersten Schritt sind die Bedürfnisse und Voraussetzungen der Beteiligten, also der Trainer und Teilnehmer, zu erfassen. Kenntnisse darüber sind notwendig, um den Inhalt des Trainings entsprechend anzupassen, um festzustellen, welche Erwartungen an das Training geknüpft sind, und um eine Beziehung zu den Teilnehmern zu entwickeln bzw. sie kennenzulernen. Die Informationen darüber sammelt man mithilfe von

- Beobachtungen,
- Fragebögen,
- Interviews,
- Tests,
- Gruppendiskussionen.

Motivation erfassen

Ein weiterer wichtiger Bestandteil, der neben den Bedürfnissen und Voraussetzungen erfasst werden muss, ist die Motivation der Teilnehmer. Die Motivation ist Grundlage für die aktive Mitarbeit der Teilnehmer und daher ebenfalls bei der Planung zu berücksichtigen. Müssen die Teilnehmer erst stark für das Training motiviert werden oder ist die Grundmotivation hoch? Dementsprechend sollten andere Übungen und Lehrmethoden zum Einsatz kommen.

Die Motivation kann ebenfalls mittels Fragebögen, Beobachtung, Interviews, Tests und Gruppendiskussionen erfasst werden.

Rahmenbedingungen beachten

Folgende Rahmenbedingungen sollten in die Planung einbezogen werden:

- Ort (Größe, Raumausstattung)
- Zeit (wie viel, wann?)
- Gruppe (wie viele, wie zusammengesetzt?)
- Lage der Institution
- Art der Institution (Größe, Typ)

Lernziele formulieren

Die Formulierung konkreter Lernziele macht es leichter, die Trainingsinhalte auszuwählen und das Training zu planen. Außerdem kann so am Ende des Trainings überprüft werden, ob das Training erfolgreich war. Lernziele sollten den Kriterien des SMART-Modells genügen.

SMART-Modell der Lernzielformulierung:
Spezifisch (konkret)
Messbar (überprüfbar)
Anspruchsvoll
Realistisch (nicht zu schwer)
Terminiert (absehbar)

Lerninhalte: Auswahl und Strukturierung

Die Lerninhalte werden durch die Bedürfnisse, Rahmenbedingungen und Lernziele bedingt.

Methoden und Sozialformen

Die Methoden und Sozialformen sollten während einer Seminareinheit häufig variiert werden, sodass die Vermittlung der Inhalte optimal unterstützt wird. Hier werden die verschiedenen Methoden und Sozialformen kurz aufgelistet; Kapitel 3 beschäftigt sich ausführlich mit diesem Thema.

a) Alternative Lehr- und Lernmethoden

- Jigsaw Learning
- Guided Teaching
- Lernwettbewerb
- Group Inquiry
- Spiele
- Mentales Vorstellen
- Rollenspiel

b) Sozialformen

- Einzelarbeit
- Partnerarbeit
- Kleingruppenarbeit (drei bis sechs Personen)
- Gruppenarbeit
- Arbeit im Kreis

2.1.2 Didaktische Analyse

Die Planungsschritte werden den Teilnehmern mittels eines „roten Fadens" vorgestellt, um explizit auf die richtige Abfolge hinzudeuten. Den Teilnehmern obliegt die Aufgabe, vor jedem Abschnitt den folgenden Planungsschritt auszuwählen. Dadurch werden sie aktiviert und integriert. Sie müssen sich vor jedem Schritt Gedanken machen, was folgen könnte.

Bedürfnisse und Voraussetzungen erfassen ist ein wichtiger Punkt, um das Training individuell auf die Teilnehmer zuschneiden zu können. Da sich dessen jeder bewusst sein sollte, der ein Training plant, bearbeiten die Teilnehmer zwei entsprechende Fragestellungen. Die Antworten können direkt in die eigene Trainingsplanung einfließen.

Um das Thema *Motivation* anschaulich zu behandeln, wird den Teilnehmern ein Motivationsfragebogen vorgestellt (s. Anhang A 2.2) und ausgeteilt. Anhand eines ausgefüllten Beispiels wird die Motivation eines fiktiven Teilnehmers aufgezeigt und es wird im Plenum kurz diskutiert, wie man bei der Planung damit umgehen könnte.

Der Punkt *Rahmenbedingungen* ist näher zu erläutern, falls er nicht bereits in einer vorangegangenen Trainingssitzung behandelt wurde und somit von Vorkenntnissen ausgegangen werden kann. In diesem Fall dient das Ballspiel der aktivierenden und spielerischen Wiederholung.

Im Theorieteil zu den *Lernzielen* wird den Teilnehmern Wissen vermittelt, welches sie in einer anschließenden Übung anwenden sollen (s. Anhang A 2.1). Die Aufgabenstellung ist bewusst so gewählt, dass sich die Teilnehmer involviert fühlen.

Auswahl und Strukturierung der Lerninhalte sind wichtige Aspekte der Trainingsplanung. Aus diesem Grund werden sie erwähnt. Allerdings wird nur kurz auf sie eingegangen, da die Inhalte vom jeweiligen Thema, den Bedürfnissen, den Rahmenbedingungen und den Lernzielen abhängen.

Die *alternativen Lehr- und Lernmethoden* und der Wechsel der *Sozialformen* werden an dieser Stelle nur theoretisch vorgestellt. Auf die alternativen Lehr- und Lernmethoden wird nur hingewiesen, da diese in der folgenden Trainingseinheit ausführlich behandelt werden. Die verschiedenen Sozialformen werden kurz vorgestellt.

Abschließend muss bei der Trainingsplanung die Abfolge der einzelnen Inhalte beachtet werden. Hierzu werden zunächst die fünf Phasen des Ablaufs, die in der ersten Sitzung behandelt wurden, mithilfe eines Tabuspiels wiederholt. Danach werden weitere wichtige Aspekte vorgestellt, die bei der Sequenzplanung einer Sitzung beachtet werden sollten. Dies dient der Erweiterung des Wissens über den Aufbau einer Sitzung.

Um die Sitzungsinhalte noch einmal zu festigen, werden sie anhand des roten Fadens zusammengefasst. Auf diese Weise wird das gesamte Training abgerundet.

2.1.3 Analyse der Lernvoraussetzungen: Vorkenntnisse, Motivation

Zur Analyse der Lernvoraussetzungen kann beispielsweise ein Prätest verwendet werden, der ein bis zwei Wochen vor Beginn des Trainings mit den Teilnehmern durchgeführt wird. Auf diese Weise können Inhalte adaptiert und die Qualität der Trainingsinhalte noch verbessert werden. Bei dieser Trainingssitzung wird davon ausgegangen, dass die Teilnehmer noch keine Vorkenntnisse über die Planung von Trainings haben.

Da jeder Teilnehmer dieser Trainerausbildung die einzelnen Planungsschritte selbst anwenden muss, um eigene Trainingssitzungen zu konzipieren, kann von einer gewissen intrinsischen Motivation ausgegangen werden. Des Weiteren wird durch viele abwechslungsreiche Übungen die Aufmerksamkeit geweckt und die Situation wird mittels Ball- bzw. Tabuspiel aufgelockert (s. Abschnitt 2.2.8).

2.2 Entscheidungsteil

2.2.1 Lernziele

Nach dem Training sollen die Teilnehmer folgende Kompetenzen erworben haben:

- Abfolge der Planungsschritte einer Trainingseinheit kennen und anwenden können,

- Methoden zur Erfassung von Lernvoraussetzungen beherrschen,
- die Motivation erfassen können,
- Lernziele nach dem SMART-Modell formulieren können,
- vielfältige Methoden und Sozialformen kennen,
- wichtige Aspekte der Sequenzplanung beachten können.

2.2.2 Methoden und Medien

Zu Beginn erklärt ein Trainer den „roten Faden", an dem die Plakate zu den einzelnen Planungsschritten nach und nach angebracht werden. In Kleingruppen werden zwei Fragen zu den *Bedürfnissen und Voraussetzungen* erarbeitet. Die Ergebnisse werden an der Metaplan-Wand vorgestellt und ergänzt. Das so erstellte Plakat wird an den roten Faden gehängt. Die *Motivation* wird anhand eines ausgeteilten Fragebogens erarbeitet. Die Ergebnisse eines (mit fiktiven Daten) ausgefüllten Bogens werden im Plenum diskutiert. Die verschiedenen *Rahmenbedingungen* werden erfasst, indem ein Ball in den Stuhlkreis geworfen wird und jeder, der ihn fängt, eine Rahmenbedingung angibt. Ein vorgefertigtes Plakat mit den Rahmenbedingungen wird am roten Faden befestigt. Die Theorie zu den *Lernzielen* wird am Flipchart präsentiert, danach werden in Partnerarbeit eigenständig Lernziele formuliert. *Methoden und Sozialformen* werden am Flipchart vorgestellt. Ein Plakat dient der vollständigen Darstellung des Themas am roten Faden. Zum Abschluss wird mit einem Tabuspiel der *Aufbau einer Sitzung* wiederholt. Danach werden wichtige Aspekte der Sequenzplanung auf einem Flipchart-Papier vorgestellt.

2.2.3 Hausaufgaben

Die Hausaufgabe (s. Anhang A 2.3) dient dazu, dass sich die Teilenehmer mit einigen der Lernziele dieser Seminarsitzung intensiver auseinandersetzen. Sie bekommen drei offene Fragen gestellt. Zuerst werden sie gebeten, zwei Methoden zur Erfassung von Bedürfnissen zu nennen. Die zweite Frage fordert sie auf, die Vorgehensweise bei einer Trainingsplanung zu beschreiben. Dies dient der Festigung des Wissens über die Abfolge der einzelnen Planungsschritte. Abschließend werden noch die besonderen Punkte, die bei der Sequenzplanung zu beachten sind, abgefragt.
Alternativ steht ein Text zur Verfügung (s. Anhang A 2.4), der den Ablauf einer misslungenen Trainingsitzung beschreibt. Das Hauptaugenmerk der Teilnehmer soll hier auf die fehlerhafte Planung und Durchführung des Trainings sowie deren Folgen gelenkt werden. Zudem sollen Verbesserungsideen erarbeitet werden.

2.2.4 Evaluation

Wurde vor dieser Trainingseinheit ein Prätest durchgeführt, kann der gleiche Test noch einmal als Posttest von den Teilnehmern ausgefüllt werden. Alternativ kann die Hausaufgabe (s. Anhang A 2.3) als Posttest dienen, indem überprüft wird, ob die Teilnehmer die Abfolge der einzelnen Planungsschritte beherrschen.

2.2.5 Transferüberlegungen

Der Transfer des Trainingsinhaltes zeigt sich bei den Ausbildungsteilnehmern in der Planung der eigenen Trainingseinheit. Dabei sollten Bedürfnisse, Voraussetzungen und die Motivation erfasst, Lernziele richtig formuliert, verschiedene alternative Lehr- und Lernmethoden sowie Sozialformen angewendet und die Kriterien zur Sequenzplanung beachtet werden.

2.2.6 Geplanter Verlauf

- Einleitung
- Bedürfnisse und Lernvoraussetzungen erfassen
- Motivation erfassen
- Rahmenbedingungen beachten
- Lernziele nach SMART-Modell formulieren
- Lerninhalte auswählen und strukturieren
- Pause
- Methoden und Sozialformen variieren
- Abfolge/Sequenz durchdenken

2.2 Entscheidungsteil

2.2.7 Sequenzplan der Einheit „Planung von Trainings"

Dauer [min]	Sequenz	Inhalt	Ziel	Sozialformen	Bemerkungen	Medien	Material
5	Einleitung	Begrüßung, Einführung des roten Fadens (zur Darstellung der Abfolge der verschiedenen Planungsschritte) und der Abstimmkarten	Vorstellung des Trainer-Teams, Überblick über den Ablauf	Ansprache	Teilnehmer wählen vor jeder Sequenz mit den Abstimmkarten, welcher Schritt folgen soll	Flipchart	Roter Faden, bunte Karten, Ablaufplan
7	Bedürfnisse, Voraussetzungen	Je zwei Kleingruppen bearbeiten die Fragen, wie und warum man Bedürfnisse (Lernvoraussetzungen) erfasst	Notwendigkeit und Erfassung von Bedürfnissen	Kleingruppenarbeit	Vier Kleingruppen werden durch bunte Bonbons eingeteilt	Metaplan-Wand	Karten und Stifte, Bonbons
8		Ergebnisse der Gruppenarbeit vorstellen		Plenum	Jeweils eine Gruppe stellt vollständig vor, die andere ergänzt	Metaplan-Wand	Karten und Stifte
10	Motivation	Fragebogen zur Motivation kennenlernen und besprechen	Wie erfasst man die Motivation der Teilnehmer?	Plenum		Plakatwand	Fragebögen für alle

2 Planung von Trainings

Dauer [min]	Sequenz	Inhalt	Ziel	Sozialformen	Bemerkungen	Medien	Material
5	Rahmenbedingungen	Ein Ball wird geworfen und der Teilnehmer, der ihn fängt, nennt einen Aspekt der Rahmenbedingungen	Wissensvermittlung	Ball zuwerfen	Plakat mit Unterpunkten wird zum Ablaufplan an die Wand gehängt	Plakat	Ball
5	Lernziele	Theorie zu Lernzielen	Kennenlernen des SMART-Modells	Vortrag		Flipchart	Flipchart
10		Paare werden instruiert, eigene Lernziele für das gesamte Seminar anhand des SMART-Modells zu formulieren	Anwendung des SMART-Modells zu Lernziel-Formulierung	Partnerarbeit	Hinweis auf Zeitbegrenzung		
5		Einige Gruppen stellen ihre Ergebnisse vor; das beste Beispiel wird notiert	Wissenstransfer	Plenum		Flipchart	Flipchart
5	Lerninhalte	Kurze Erwähnung, dass Inhalte ausgewählt und strukturiert werden müssen	Wichtigkeit von Auswahl und Strukturierung der Lerninhalte darstellen	Ansprache und Plakat aufhängen	kurz	Plakat	Plakat
5	Pause						

2.2 Entscheidungsteil

Dauer [min]	Sequenz	Inhalt	Ziel	Sozialformen	Bemerkungen	Medien	Material
10	Methoden und Sozialformen	Alternative Lehr- und Lernmethoden und Sozialformen	Alternative Lehr- und Lernmethoden theoretisch kurz vorstellen; die Vielfalt von Methoden und Sozialformen hervorheben	Vortrag		Flipchart	
10	Abfolge	Wiederholung des Aufbaus eines Trainings und kurzes Vorstellen der Sequenzplanung bei den Übungen	Kriterien zum Ablauf wiederholen und Sequenzplanung verdeutlichen	Tabuspiel, Vortrag	Mittels zweifarbigen Aufkleber werden die Teilnehmer in zwei Gruppen geteilt; die Gewinner bekommen Schokolade	Flipchart	Tabuspiel, Schokolade, Zeitmesser, Flipchart, Aufkleber
5	Abschluss	Wiederholung der Abfolge der Planungsschritte	Festigung der Abfolge der Planungsschritte	Ansprache		Roter Faden	Roter Faden, Plakate
10	Feedback						

2.2.8 Beschreibung des Ablaufs

Die Trainingssitzung beginnt mit einer kurzen Einführung: Die Abfolge der einzelnen Schritte wird durch einen roten Faden dargestellt, an den sukzessive die bei der Planung zu berücksichtigenden Aspekte und die dazu erarbeiteten Punkte gehängt werden. Die Teilnehmer erhalten verschiedenfarbige Abstimmkarten, die jeweils für einen Planungsaspekt stehen. Vor jedem neuen Abschnitt werden sie aufgefordert, mit den Karten den ihrer Meinung nach folgenden Planungsaspekt anzuzeigen. Nach dem roten Faden wird der Ablaufplan vorgestellt. Dieser enthält anstelle der Inhalte die für die Sitzung geplanten Methoden, um das Augenmerk der Teilnehmer auf diese zu lenken.

Der erste Abschnitt behandelt das Erfassen von Bedürfnissen und Voraussetzungen. Dazu werden die Teilnehmer in vier Gruppen aufgeteilt. Jeweils zwei Gruppen beschäftigen sich mit der Frage, warum es wichtig ist, die Bedürfnisse zu erfassen. Die anderen beiden Gruppen bearbeiten die Frage, wie Informationen über die Bedürfnisse gesammelt werden können. Jede Gruppe erhält Metaplan-Karten, um ihre Ergebnisse festzuhalten. Nach der Kleingruppenarbeit werden die Ergebnisse zu jeder Frage vorgestellt, die anderen Gruppen ergänzen eventuell noch fehlende Aspekte.

Der nächste Abschnitt widmet sich dem Thema Motivation. Es geht darum, dass es ein wichtiger Teil der Planung ist, die Motivation zu erfassen, um so das Training entsprechend anzupassen. Den Teilnehmern wird dazu ein Fragebogen zur Erfassung der Motivation ausgeteilt. Danach wird dieser Fragebogen – ausgefüllt von einer fiktiven Person – auf einem Plakat vorgestellt. Es wird im Plenum diskutiert, wie man die Motivation der fiktiven Person im Training berücksichtigen könnte.

Das Thema Rahmenbedingungen wird nur kurz angeschnitten, indem der Trainer den im Stuhlkreis sitzenden Teilnehmern einen Ball zu wirft und jeder, der ihn fängt, eine der Rahmenbedingungen nennen soll. Der Trainer ergänzt gegebenenfalls die zu berücksichtigenden Rahmenfaktoren.

Anschließend wird in einem kurzen Theorieteil das SMART-Modell der Lernzielformulierung vorgestellt. Daraufhin werden die Teilnehmer aufgefordert, sich in Zweiergruppen Lernziele für das gesamte Seminar zu überlegen. Sie sollen die Ziele spezifisch, messbar, anspruchsvoll, realistisch und terminiert formulieren (s. Anhang A 2.1). Anschließend stellen einige Paare ihre Lernziele vor. Ein gutes Beispiel wird notiert und zusammen mit dem Theorieteil am roten Faden befestigt.

Auf die Lerninhalte wird nur durch den expliziten Hinweis eingegangen, dass ihre Auswahl und Strukturierung auf Bedürfnissen, Rahmenbedingungen und Lernzielen basiert.

Die alternativen Lehr- und Lernmethoden und die verschiedenen Sozialformen werden theoretisch dargestellt und auf einem Flipchart zusammengetragen.

Für die Wiederholung des Aufbaus einer Trainingseinheit werden die Teilnehmer in zwei Gruppen geteilt. Ein Teilnehmer versucht nun, einen ihm gezeigten Begriff zu beschreiben, ohne bestimmte Tabuwörter (der eigentliche

Begriff, ein Wort gleichen Wortstammes oder weitere ausgesuchte Wörter) zu verwenden. Die eigenen Gruppenmitglieder versuchen den Begriff zu erraten, die Mitglieder der gegnerischen Gruppe passen auf und unterbrechen gegebenenfalls. Die Gewinnergruppe erhält eine Belohnung.

Nun wird kurz theoretisch die Sequenzplanung der Übungen besprochen und die wichtigsten Punkte werden auf einem Flipchart-Papier festgehalten.

Zum Abschluss werden die einzelnen Aspekte eines Trainings anhand des roten Fadens zusammengefasst.

2.3 Bewertung

Das Besondere dieser Trainingssitzung ist ihre klare und übersichtliche Strukturierung. Die Hilfsmittel „roter Faden" sowie die Abstimmkarten tragen zusätzlich dazu bei, die Struktur der einzelnen Planungsabschnitte zu verdeutlichen.

Weiterhin enthält die Trainingssitzung viele aktivierende Elemente. Nicht immer empfinden dies alle Teilnehmer positiv. Beim Ballspiel sollte darauf geachtet werden, die Teilnehmer auf keinen Fall unter Druck zu setzen. Wird der Ball gefangen, können Wissenslücken nicht kaschiert werden. Auf die Möglichkeit der gegenseitigen Unterstützung sollte daher explizit hingewiesen werden. Um die Beteiligung gänzlich freizustellen, wäre es besser, die einzelnen Rahmenbedingungen von der gesamten Gruppe zu erfragen oder in der Kleingruppe erarbeiten zu lassen.

Der Fragebogen zur Motivation ist eine Möglichkeit, die Motivation der Teilnehmer zu erfassen. Es sollte explizit darauf hingewiesen werden, dass die Motivation auch auf andere Weise erfasst werden kann. Wird der Fragebogen verwendet, muss er an die jeweilige Zielgruppe adaptiert sein.

Da diese Trainingssitzung sehr theoretisch ist, ist es besonders wichtig, auf eine interaktive und teilnehmerzentrierte Vorgehensweise zu achten. Die Teilnehmer sollten immer wieder ermuntert werden, Zwischenfragen zu stellen. Weiterhin sollte ausdrücklich gefragt werden, ob noch Unklarheiten bestehen. Die Trainer können auch im Verlauf des Trainings Testfragen an die Teilnehmer stellen, um zu überprüfen, ob alles verstanden wurde. Da Wortmeldungen auf keinen Fall übergangen werden dürfen, sollten die einzelnen Sequenzen besser mit größerem Zeitfenster konzipiert werden.

Generell sollten alle Instruktionen schriftlich formuliert, kopiert und erst nach den Gruppeneinteilungen ausgegeben werden, da sonst zum einen Ungewissheit über die weitere Vorgehensweise und zum anderen Unruhe entstehen kann.

Auf die Notwendigkeit einer exakten Planung von Trainings sei an dieser Stelle hingewiesen. Gerade beim Thema Planung sollte diese auch bis ins Detail durchdacht und Zeitpuffer für Unvorhergesehenes eingeplant werden. Die Zusammenfassung am Ende der Trainingssitzung lässt sich besonders gut in Form von Fragen formulieren. Dabei werden die Teilnehmer erneut mit einbezogen und es werden eventuell noch fehlende Zusammenhänge aufgedeckt.

Literatur

Becker, G. E. (1997). *Planung von Unterricht. Handlungsorientierte Didaktik, Teil I.* (7. Aufl.). Weinheim/Basel: Beltz.

Silberman, M. (1998). *Active Training: A handbook of techniques, designs, case examples and tips* (2. ed.). New York: Macmillan, Inc.

Anhang: Planung von Trainings

A 2.1 Instruktion zu Lernzielen

Sie haben jetzt das SMART-Modell zur Lernzielformulierung kennengelernt.

Bitte formulieren Sie nun in Partnerarbeit Ihre eigenen Lernziele für dieses Training. Beachten Sie, dass Sie Ihr Lernziel dabei spezifisch, messbar, anspruchsvoll, realistisch und terminiert formulieren.

Sie haben dazu fünf Minuten Zeit.

Viel Spaß!

A 2.2 Fragebogen zur Erfassung der Motivation

	Trifft überhaupt nicht zu	Trifft überwiegend nicht zu	Trifft teils teils zu	Trifft überwiegend zu	Trifft völlig zu
Ich bin motiviert, an diesem Training teilzunehmen.	☐	☐	☐	☐	☐
Das Thema des Trainings interessiert mich.	☐	☐	☐	☐	☐
Ich glaube, dass mich die Inhalte des Trainings beruflich weiterbringen können.	☐	☐	☐	☐	☐
Ich finde ein Seminar zu diesem Thema wichtig.	☐	☐	☐	☐	☐

A 2.3 Hausaufgabe

(Eine alternative Hausaufgabe finden Sie unter A 2.4)

1. Nennen Sie drei Methoden, wie man Bedürfnisse erfassen kann!
2. Beschreiben Sie die Vorgehensweise bei einer Trainingsplanung!
3. Welche besonderen Punkte sind bei der Sequenz der Übungen zu beachten?

A 2.4   Hausaufgabe (alternativ)

Das Super-Training

„Oh Mann, endlich geschafft, ich bin daheim", dachte Bärbel, als sie ihre Wohnungstür aufschloss. Es war zehn Uhr abends. Müde schleppte sie sich ins Schlafzimmer, zog ihr Kostüm aus, schlüpfte in ihren legeren Jogginganzug, griff sich anschließend eine halbvolle Flasche Chianti vom Küchentisch, goss sich ein Glas ein und legte sich auf die Couch im Wohnzimmer.

Tausend Gedanken schossen ihr durch den Kopf: „Warum ist mir das heutige Training bloß so misslungen? Lag es daran, dass es meine erste Trainererfahrung überhaupt war oder bin ich vielleicht heute Morgen einfach schon mit dem falschen Fuß zuerst aufgestanden? Dabei hatte sie doch einen guten Teil der Seminarteilnehmer durch eine zweistündige Videobeobachtung am Arbeitsplatz sowie durch eine intensive Befragung ihrer jeweiligen Vorgesetzten nun wirklich gründlich studiert, um die individuellen Macken herauszufinden. Sie wollte halt einfach gut vorbereitet sein für das Seminar. In Gedanken ging sie noch einmal das von ihr durchgeführte Trainingsseminar durch:

Um 9.00 Uhr sollte das Training beginnen. Um 8.00 Uhr wollte Bärbel sich auf den Weg dorthin machen. „Zeit genug", dachte sie. Dummerweise sprang ihr Wagen nicht an und sie musste daher die Bahn nehmen. Leider hatte die Bahn Verspätung und so kam sie erst um 9.30 Uhr am Seminarort an. Als sie die Tür zum Seminarraum öffnete, fand sie keinen Teilnehmer vor. Es hing nur ein Zettel an der Tafel mit der Aufschrift: „Sind erst mal einen Kaffee trinken gegangen. Sie finden uns in der Kantine. Unverschämtheit, uns so warten zu lassen!"

Nach einer Viertelstunde ärgerlichen Suchens fand Bärbel schließlich die Kantine, in der die Seminarteilnehmer in vielen Gruppen verteilt saßen. Der Raum schien endlos zu sein. Es waren wohl 100 und nicht nur 30 Teilnehmer, wie sie eigentlich gedacht hatte. Alle schauten sie an, als sie den Raum betrat. Bärbel rief: „Tut mir leid meine Damen und Herren, bin zu spät, ich weiß. Aber kommen Sie jetzt, ich habe nicht den ganzen Tag Zeit!"

Bevor alle wieder im Seminarraum anwesend waren, fing Bärbel schon mit dem Training an. So kam es, dass die erste halbe Stunde durch das Auf- und Zumachen der Tür sowie durch lautes Stühlerücken gestört wurde. Dass es einige der Teilnehmer störte, eng an eng an der Wand zu stehen, empfand sie als nicht nachvollziehbar, bei diesem interessanten Thema. Dauernd wurde sie durch Zwischenrufe der Teilnehmer unterbrochen. Diese beinhalteten Fragen und Bemerkungen wie: „Kapiere ich nicht!", „Ist mir zu langweilig!", „Was wollen Sie uns denn überhaupt beibringen?", „Weiß ich doch schon alles!", „Sie wiederholen sich doch ständig!" oder „Ich kann ihre Folien leider überhaupt nicht lesen!" Bärbel konnte nicht auf diese Bemerkungen eingehen. Sie wollte einfach nur den Lernstoff an Mann und Frau bringen.

Da sie die Teilnehmer kaum zu den von ihr ausgedachten Spielen und Diskussionen animieren konnte, führte sie diese eben nur mit den wenigen wirklich engagierten Teilnehmern durch. Freiwillige Helfer fanden sich kaum.

Viele schien gar nicht zu interessieren, um was es ging. Sie redeten einfach durch die Gegend. Das Zusammenstellen der Gruppen dauerte endlos. Als die einzelnen Gruppen fragten, warum sie sich denn bei der Vorstellung der Gruppenergebnisse dauernd detailliert wiederholen müssten, platzte Bärbel nun wirklich fast der Kragen. Sie antwortete: „Verdammt, sonst kapieren Sie alle es doch nicht!"

So ging das den ganzen Tag. Bärbel musste leider die angesetzte Seminardauer fast um das Doppelte überziehen, sodass es schließlich um 20.30 Uhr anstatt um 15.00 Uhr endete. Bei so einem Chaos konnte sie ja gar nicht anders handeln. Am Ende beschwerten sich dann noch einige Teilnehmer darüber, dass es kein Handout oder wenigstens einen zusammenfassenden Abschluss gäbe. Aber das war Bärbel nun wirklich egal. Schließlich gab sie ihr Bestes an diesem denkwürdigen Tag!

Beantworten Sie bitte folgende Fragen bis zur nächsten Woche:

- Was hat Bärbel nur falsch gemacht, dass das Seminar so schlecht lief?
- Was würden Sie anders machen?

A 2.5 Handout

Bedürfnisse und Voraussetzungen erfassen

Warum sollte man Bedürfnisse und Voraussetzungen erfassen?

- Um den Inhalt des Trainings entsprechend zu konzipieren,
- um festzustellen, welche Erwartungen die Teilnehmer an das Training haben,
- um eine erste Beziehung zu den Teilnehmern zu entwickeln bzw. sie kennenzulernen.

Wie kann man Informationen über Bedürfnisse und Voraussetzungen sammeln?

- Beobachtung
- Fragebogen
- Interviews
- Tests
- Gruppendiskussion

Rahmenbedingungen beachten

- Ort (Größe, Raumausstattung)
- Zeit (wie viel, wann)
- Gruppe (wie viele, wie zusammengesetzt)
- Lage der Institution
- Art der Institution (Größe, Typ)

Lernziele formulieren

SMART-Modell der Lernzielformulierung:
  Spezifisch (konkret)
  Messbar (überprüfbar)
  Anspruchsvoll
  Realistisch (nicht zu schwer)
  Terminiert (absehbar)

Lerninhalte: Auswahl und Strukturierung

Die Lerninhalte werden durch die Bedürfnisse, Rahmenbedingungen und Lernziele bedingt.

Methoden und Sozialformen wechseln

a) Alternative Lehr- und Lernmethoden

- Jigsaw Learning

- Guided Teaching
- Lernwettbewerb
- Group Inquiry
- Spiele
- Mentales Vorstellen
- Rollenspiel

b) Sozialformen

- Einzelarbeit
- Partnerarbeit
- Kleingruppenarbeit (drei bis sechs Personen)
- Gruppenarbeit
- Arbeit im Kreis

Sequenz der einzelnen Trainingsabschnitte beachten

Bei der Planung der Sequenz der Übungen ist Folgendes zu beachten:

- Interesse aufbauen und neue Inhalte vorstellen, bevor man tiefer ins Thema einsteigt,
- leichtere Übungen vor schwereren Übungen anordnen,
- für eine gute Mischung bezüglich Methoden, Sozialform und Länge der Übungen sorgen,
- Inhalte und Fähigkeiten, die aufeinander aufbauen, gruppieren,
- zuerst Sub Skills einüben und diese als Grundlage komplexer Fertigkeiten nutzen,
- Schlussübung, die den Transfer thematisiert.

Aufbau

Opening Exercises

- Ziele: Interesse am Thema wecken, Teamaufbau und gegenseitiges Kennenlernen, Hauptinhalte des ersten Trainingsteils vorstellen.
- Vorsicht: Zu Beginn des Trainings sollte man keine Übungen wählen, die fehlendes Wissen oder Schwächen der Teilnehmer aufdecken könnten!

Building Blocks

- Ziele: Grundwissen und -fertigkeiten vermitteln.
- Wichtig: Aktives Einbeziehen der Teilnehmer durch alternative Lehrmethoden und Gruppenübungen.

Middle Activities

- Ziele: Wiederholung der Inhalte des Building Blocks und Einführung der Themen des nächsten Trainingteils.

Advanced Knowledge and Skills

- Ziele: Kursinhalte auf schwierigerem Niveau aufbereiten, Anwendungsstrategien für den Alltag erarbeiten (Transfer).
- Wichtig: Zuvor erlernte Fähigkeiten sollen hierbei genutzt werden können.

Application Activities

- Ziele: Übungen, anhand derer die Teilnehmer ihr erworbenes Wissen testen können, Transfer nochmals thematisieren.

3 Alternative Lehr- und Lernmethoden

Die klassische Art der Vermittlung von Lernstoff ist der Vortrag. Ein Vortrag ist auch oft eine sinnvolle Methode, wenn es darum geht, theoretisches Wissen zu vermitteln. Allerdings kann ein Vortrag die Zuhörer auch schnell langweilen und demotivierend wirken.

Diese Trainingseinheit soll daher einige Möglichkeiten aufzeigen, wie eine abwechslungsreiche und anregende Gestaltung aussehen kann. Es werden methodische Alternativen zu einem Vortrag thematisiert. Wichtig ist dabei das aktive Lernen durch eigene Erfahrung anhand von erlebten Alltagssituationen oder auch konstruierten Situationen. So zählt beispielsweise die Fallstudie zu den alternativen Lehr- und Lernformen.

Um die Teilnehmer zu aktivieren, ihr Interesse anzuregen, sie zu motivieren oder auch, um komplizierte Sachverhalte verständlich darzustellen, sind alternative Methoden besonders sinnvoll. Beim Entwickeln solcher alternativen Lehr- und Lernformen sind der eigenen Phantasie keine Grenzen gesetzt. In dieser Trainingseinheit werden sieben verschiedene Methoden vermittelt, deren Umsetzung einfach, aber wirkungsvoll ist.

3.1 Analytischer Teil

3.1.1 Sachanalyse

Zu den alternativen Lehr- und Lernformen gehören alle Methoden, die sich vom bloßen Halten eines Vortrages unterscheiden. Neben der Durchführung der einzelnen Methoden soll insbesondere auf die spezifische Zielsetzung und den jeweiligen Anwendungsbereich hingewiesen werden. Die folgenden sieben Methoden und ihre Indikation werden daher in dieser Trainingseinheit behandelt.

Jigsaw Learning (auch Gruppenpuzzle genannt)
Lernen durch Erklären der Seminarteilnehmer untereinander.

- Bildung von Kleingruppen (*Fitmacher-Gruppen*): Jede dieser Gruppe lernt bzw. erarbeitet ein Teilgebiet des Themas. Sehr hilfreich ist es, wenn die Trainer Informationstexte aushändigen und Leitfragen vorgeben, anhand derer sich die Teilnehmer das Thema erarbeiten können.
- Anschließend Umformung der Gruppen zu *Experten-Gruppen*, sodass in jeder neuen Kleingruppe ein Experte für jeweils ein Teilgebiet ist (s. Anhang A 3.1, Abb. 3.5 u. 3.6).

- Gegenseitiges Lehren des zuvor gelernten Teilaspekts und Diskussion der Inhalte.
- → Besonders gut umsetzbar, wenn das Lernmaterial in mehrere Teile zerlegt werden kann.

Guided Teaching[1]

Gezielte Fragen des Trainers zu einem Themengebiet zu Beginn eines Seminars aktivieren die Teilnehmer, ermitteln ihre Vorkenntnisse und machen neugierig auf die Thematik. Neue Ideen der Teilnehmer sind erwünscht.

- Durch die Art seiner Fragen strukturiert der Trainer das Thema vorab,
- „Ideensammlung" mit den Teilnehmern,
- anschließend Kleingruppendiskussion,
- Bildung von Kategorien im Plenum, gelenkt vom Trainer,
- Präsentation des Trainingskonzeptes und der Inhalte und ggf. Erweiterung der Kategorien.

→ Geeignet für Wissen, das sich gut strukturieren und kategorisieren lässt. Ist eine aktive Methode, um gerade zu Beginn einer Trainingseinheit Interesse zu wecken und das Thema übersichtlich darzustellen.

Lernwettbewerb (Learning Tournament)

Erhöht den Ansporn zum Lernen einer Reihe von reinen Fakten oder Konzepten.

- Bildung von Teams: Lesen und Lernen von Material,
- Quiz-Runde: Fragen z. B. in Form einfacher Statements, die es zu beantworten gilt (korrekte Antworten müssen ggf. vom Trainer gegeben werden),
- Teams treten gegeneinander an,
- nächste Lernrunde mit anschließendem Quiz,
- mehrere Wiederholungen fördern den Wettbewerbscharakter.

→ Besonders geeignet, wenn das Material sehr trocken ist.

Group Inquiry[1]

Aktive Teilnahme durch eigene Fragengenerierung der Teilnehmer zu dem Material.

- Aushändigen von Material, das bewusst Fragen aufwirft,
- Teilnehmer markieren alles was sie nicht verstehen und formulieren dazu Fragen,

---

[1] für ausführlichere Erläuterungen s. a. Anhang A 3.2

- Diskussion und Beantwortung der Fragen im Plenum.
→ Sehr geeignet bei Material, welches keine eindeutigen Antworten und wenig spezifische Informationen gibt.

Spiele[1]

Aktivierung, Auflockerung und Sensibilisierung für ein Thema.

- Auswahl geeigneter Spiele, wie z. B. Bewegungsspiele nach einem langen Theorieteil, Aktivierungsspiele nach einer Pause, Kommunikationsspiele zum Erwerb kommunikativer Kompetenzen oder auch die Kreation eigener neuer Spiele durch Nachahmung und Modifikation bekannter Spiele zum Zwecke der Inhaltsvermittlung,
- Durchführung des Spiels,
- Diskussion der Erfahrungen und der Bedeutung für jeden Teilnehmer (mindestens genauso wichtig wie das eigentliche Spiel).

→ Geeignet für sehr viele Situationen, angefangen von der Aktivierung der Teilnehmer bis hin zur Lösung von Konflikten in der Gruppe oder als Messinstrument für vorhandene Verhaltensstile.

Mentales Vorstellen[1]

Geistiges Verinnerlichen von prozeduralen Fertigkeiten durch visuelles Vorstellen, taktiles Vorstellen, Geruchsvorstellung, kinästhetische Vorstellung, Geschmacksvorstellung oder auditive Vorstellung.

- Wiederholtes Vorstellen von Handlungsabläufen,
- Aktivierung von relevanten Gefühlen und Gedanken nach Aufforderung durch den Trainer,
- Entspannungsübungen mit Sinneswahrnehmungen,
- Diskussion oder Berichterstattung über Erfahrungen während des Vorstellens.

→ Besonders geeignet zum Erwerb von komplexen Handlungsabläufen. Kann das Rollenspiel ersetzen, falls die Teilnehmer zu schüchtern sind. Auch geeignet zur reinen Entspannung während eines Trainings (Vorstellen von Phantasiereisen), um die Konzentration der Teilnehmer zu verbessern.

Rollenspiel[1]

Situation aus verschiedenen Blickwinkeln erleben, Verhaltensweisen oder Kommunikationsstrategien einüben, Gefühle erkennen (wird in Kapitel 4 ausführlich behandelt).

- Situations- und Rollenvorgaben auswählen, z. B. Improvisation, vorgeschriebene Rollen, fertiges Drehbuch,

- Vorgabe der Gestaltungsform auswählen, z. B. informelles Rollenspiel, gleichzeitiges Rollenspiel, abwechselndes Rollenspiel,
- Aufbereitung und Diskussion über die Inhalte und die Durchführung des Rollenspiels.

→ Besonders geeignet, um den Umgang mit bestimmten emotionalen Situationen zu erlernen oder Fertigkeiten zu erwerben.

3.1.2 Didaktische Analyse

Innerhalb dieser Trainingseinheit lernen die Seminarteilnehmer die ausgewählten Methoden auf zwei unterschiedliche Arten kennen. Fünf Methoden werden theoretisch vermittelt (durch Leittexte innerhalb des Jigsaw Learning: Group Inquiry, Guided Teaching, Mentales Vorstellen, Spiele, Rollenspiele), zwei Methoden durch Anwendung: Jigsaw Learning und Wettbewerb.

Ein Negativbeispiel zu Beginn der Einheit ist zum einen als Auflockerung und Einstimmung auf das Thema gedacht, zum anderen soll es dazu dienen, die Notwendigkeit der alternativen Lehr- und Lernmethoden zu erkennen. Als Negativbeispiel könnten Filmsequenzen von gelangweilten Zuhörern bei einem endlos erscheinenden Vortrag dienen oder nörgelnde Schüler, die sich lieber mit anderen Dingen beschäftigen, als dem monologisierenden Lehrer zuzuhören.

Der folgende Theorieblock (s. Anhang A 3.1, Abb. 3.1 bis Abb. 3.3) soll bewusst kurz gehalten werden und sich lediglich auf die prägnanten Definitionen beschränken. Es soll vor allem klar gemacht werden, was man unter alternativen Methoden versteht. Um die Kerninhalte nicht zu theoretisch erscheinen zu lassen, ist auf eine phantasievolle, abwechslungsreiche Vermittlung zu achten. Der Rahmen einer Quizshow mit vorbereitenden „Fitmacher-Gruppen" hat den Vorteil, dass die Inhalte innerhalb der Kleingruppen besser diskutiert und elaboriert werden können (inhaltliche Vermittlung von Rollenspiel, mentalem Vorstellen, Guided Teaching, Group Inquiry, Spiele). Durch wiederholte und auch selbstreflektierende Konfrontation mit den Methoden, vor allem auch in den folgenden „Experten-Gruppen", resultiert schnell eine Vertrautheit mit den behandelten Themen. Um das Training nicht zu passiv werden zu lassen und Bewegung hineinzubringen, wird eine aktive und spielerische Variante bei der anschließenden Beantwortung der Quizfragen gewählt. Insgesamt werden durch dieses Vorgehen fünf Methoden im Rahmen der Kleingruppenarbeit theoretisch und zwei Methoden (Jigsaw Learning und Lernwettbewerb) im Sinne des „Learning by Doing" durch direkte Anwendung erlernt.

Im Rahmen einer Übung wird die Brücke zur praktischen Anwendung des Gelernten geschlagen. Die Teilnehmer entwickeln anhand eines erfundenen Fallbeispiels Ideen, wie alternative Lehr- und Lernmethoden zur effektiven Wissensvermittlung eingesetzt werden können.

Ein Handout (s. Anhang A 3.5) kann als Erinnerungshilfe der Kerninhalte dienen und bei der Bearbeitung der Hausaufgabe (s. Anhang A 3.4) eine Stütze sein. Weiterhin stellt die erteilte Hausaufgabe eine erneute Wiederholung sowie Nachbearbeitung des Themas dar.

3.1.3 Analyse der Lernvoraussetzungen: Vorkenntnisse, Motivation

Um die Lernvoraussetzungen der Teilnehmer festzustellen, gibt es verschiedene Herangehensweisen. Man könnte diese beispielsweise durch einen Fragebogen oder mit einem Interview erheben. Andererseits kann davon ausgegangen werden, dass sich nahezu jeder Seminarteilnehmer in der Vergangenheit bereits mit Situationen, wie sie im einführenden Negativbeispiel gezeigt werden, konfrontiert gesehen hat. In solchen Momenten haben sich sicherlich die meisten alternative Lehr- und Lernmethoden gewünscht. Einige Alternativmethoden, beispielsweise eine Diskussion oder ein Spiel, dürften bereits aus eigener Erfahrung oder anderen Veranstaltungen bekannt sein.

3.2 Entscheidungsteil

3.2.1 Lernziele

Nach dem Training sollen die Teilnehmer folgende Kompetenzen erworben haben:
- Ziele/Definitionen von alternativen Lehr- und Lernmethoden kennen,
- sieben verschiedene Methoden (Rollenspiel, Spiele, Guided Teaching, Mentales Vorstellen, Group Inquiry, Jigsaw Learning und Lernwettbewerb) kennen,
- spezielle Kenntnisse über Anwendungs- und Eignungsbereiche der Methoden erworben haben,
- die Fähigkeit besitzen, alternative Lehr- und Lernmethoden in verschieden Situationen angemessen anwenden zu können.

3.2.2 Methoden und Medien

Der einleitende Film wird mit einem Beamer auf eine Wand/Leinwand übertragen. Die kurzen Definitionen werden mittels einer PowerPoint-Präsentation (s. Anhang A 3.1, Abb. 3.1 bis Abb. 3.3) dargeboten.

Die anschließende Quizshow könnte von Musik begleitet werden. Die Teilnehmer eignen sich zunächst in fünf Vierergruppen (Fitmacher-Gruppen) jeweils eine alternative Lehr- oder Lernmethode durch Bearbeitung eines ausgeteilten Textes an (s. Anhang A 3.2). Hierbei gilt es, sich vor allem den Ablauf und die Anwendungsbereiche der jeweiligen Methode zu merken. Die Erarbeitung erfolgt zusammen mit der eigenen „Fitmacher-Gruppe". Danach werden vier Fünfergruppen gebildet (die ursprünglichen Gruppen zählen ihre Mitglieder ab und alle „Einser", alle „Zweier" usw. bilden jeweils eine neue Gruppe), sodass in jeder Gruppe je ein Experte aus den vorherigen fünf Gruppen anwesend ist. Ziel innerhalb dieser neuen Gruppen ist es, sich gegenseitig die zuvor erlernte Methode zu präsentieren und zu erklären, sodass am Ende jeder Teilnehmer über alle fünf Methoden informiert ist.

Im Anschluss daran folgt ein Wettbewerb zwischen den vier Fünferteams, bei dem es darum geht, dass jedes Team möglichst viele Fragen zu allen fünf Methoden korrekt beantwortet. Das Quiz wird mithilfe einer PowerPoint-Präsentation (s. Anhang A 3.1, Abb. 3.4) und Beamer sowie begleitender Musik durchgeführt. Dasjenige Team, das die meisten Punkte sammelt, erhält einen kleinen Preis. Ziel dieses Wettbewerbs ist die Reflexion und Wiederholung des vermittelten Stoffes.

Anschließend werden den Trainingsteilnehmern sowohl mündlich als auch visuell die angewandten Methoden Jigsaw Learning und Lernwettbewerb als weitere alternative Lehr- und Lernmethoden vorgestellt (s. Anhang A 3.1, Abb. 3.5 bis Abb. 3.7).

In der folgenden Übung arbeiten die Teilnehmer wiederum in den Experten-Gruppen zusammen. Sie erhalten Kopien mit einem Fallbeispiel und einer Instruktion. Die entwickelten Ideen werden auf Papierkarten notiert, an der Metaplan-Wand gesammelt und anschließend besprochen.

Abschließend werden Handout und Hausaufgabe (s. Anhang A 3.4 und A 3.5) als vorbereitete Kopien verteilt.

3.2.3 Hausaufgaben

Die Hausaufgabe dient zum Einüben eines sicheren Umgangs mit alternativen Lehr- und Lernmethoden. Sie beinhaltet kurze Textpassagen mit verschiedenen hypothetischen Situationen, in denen die Anwendung von jeweils einer bestimmten neu erlernten Methode gut geeignet wäre. Die Aufgabe der Teilnehmer ist es nun, für jede Situation die beste Lösung zu finden und somit die vermittelten Inhalte zu reflektieren und zu vertiefen. Außerdem soll hierbei die Fähigkeit geschult werden, die Alternativen je nach Inhalt und Situation gezielt und sinnvoll einzusetzen.

3.2.4 Evaluation

Um die Veranstaltung im Nachhinein zu evaluieren, können am Ende der Sitzung Fragebögen an alle Seminarteilnehmer verteilt werden. Hierbei geht es um die Bewertung der Trainingseinheit.

Sollen auch die Trainer bewertet werden, weil es sich beispielsweise um eine Übungssitzung für angehende Trainer handelt, müssten sie mit in die Bewertung durch die Teilnehmer integriert werden. In diesem Fall ist es sinnvoll, die Trainingssitzung mit Video aufzunehmen, um dann zusätzlich zur Auswertung der Evaluationsbögen das aufgezeichnete Videomaterial analysieren zu können.

3.2.5 Transferüberlegungen

Wünschenswert wäre es, die Ausbildungsteilnehmer ließen alle Inhalte und Methoden in ihre eigene Trainerarbeit einfließen. Weiterhin könnte durch das erworbene Methodenwissen das Lernverhalten der Teilnehmer und ihre Vorgehensweise, z. B. in Lerngruppen, optimiert werden.

3.2.6 Geplanter Verlauf

- Begrüßung
- Filmdarbietung
- Theorie: Was sind alternative Lehr- und Lernmethoden
- Quizshow
- Einteilung in fünf Vierergruppen
- Gemeinschaftliches Erarbeiten jeweils einer Methode in den „Fitmacher-Gruppen"
- Pause
- Quizshow (Fortsetzung)
- Gegenseitiges Unterrichten der gelernten Inhalte in neuen Experten-Gruppen
- Eigentliches Quiz
- Aufklären über das angewandte Jigsaw Learning und den Lernwettbewerb als alternative Lehrmethoden
- Übung: Anwenden alternativer Lehr- und Lernformen auf ein Fallbeispiel
- Verteilen des Handouts und der Hausaufgabe
- Feedback

3.2.7 Sequenzplan der Einheit „Alternative Lehr- und Lernmethoden"

Dauer [min]	Sequenz	Inhalt	Ziel	Sozialformen	Bemerkungen	Medien	Material
2	Begrüßung	Vorstellung der Gruppe, Ankündigung des Films	Einleitung	Plenum			
3	Film	Film zeigt einen trockenen Vortrag mit gelangweilten Zuhörern	Negativbeispiel zur Auflockerung, Sensibilisierung; erzeugt Nachdenklichkeit	Plenum			Beamer, Laptop, CD-Rom/DVD mit Film
5	Theorieblock I	Definition von alternativen Lehr- und Lernmethoden	Schaffen einer gemeinsamen Basis	Plenum		PowerPoint-Präsentation	Laptop, Beamer
2	Quizshow I	Anleitung	Erklärung des Spielverlaufs und der Regeln	Moderation			
2		Einteilung in Gruppen		Kleingruppen	Falls Bedarf, „Einmischung" seitens der Moderatoren		CD-Player, CD für die musikalische Untermalung

3.2 Entscheidungsteil

Dauer [min]	Sequenz	Inhalt	Ziel	Sozialformen	Bemerkungen	Medien	Material
10		Fitmacher-Runde: Lesen, Diskutieren, Erarbeiten von Texten zu den fünf Methoden – Rollenspiel, Spiele, Guided Teaching, Mental Imagery, Inquiry Groups	Ausbildung zum Experten für eine Methode	Kleingruppen	Eventuell Hilfestellung von den Trainern		Texte zu den Methoden
25	Quizshow II	Experten-Gruppen	Neubildung von Gruppen, damit jede Gruppe einen Experten für jede der fünf Methoden enthält		Zur Einteilung der Gruppen wird abgezählt		farbige Karten
6	Pause						
10	Quizshow II (Fortsetzung)	Fragerunde	Wiederholung und Festigung des bisher Gelernten	Plenum		PowerPoint-Präsentation, Tafel	Laptop, Beamer, Punktetabelle
2		Preisverleihung: Auszählen der Ergebnisse, Ansprache	Motivation	Plenum			Tafel, Gutschein = Preis
5	Theorieblock II	Methoden Jigsaw Learning und Lernwettbewerb „Learning by Doing" werden jetzt aufgeklärt	Erweiterung der bisher bekannten fünf Methoden auf sieben	Plenum		Tafelbild oder Folie	Overhead, Tafel

3 Alternative Lehr- und Lernmethoden

Dauer [min]	Sequenz	Inhalt	Ziel	Sozial-formen	Bemerkungen	Medien	Material
8	Übung	Gruppenarbeit: Brainstorming in den Experten-Gruppen	Anhand eines Fallbeispiels Anwendung der Methoden üben			Metaplan-Wand	Instruktionen, Papierkarten, Stifte
7		Sammeln der Ideen im Plenum; Trainer sortieren und besprechen die Ergebnisse an der Metaplan-Wand	Zusammenstellen der gefundenen Ideen			Metaplan-Wand	
2	Verabschiedung	Vergabe von Handout und Hausaufgabe	Reflexion und Erinnerungshilfe				Texte

3.2.8 Beschreibung des Ablaufs

Vor der Vermittlung der Lerninhalte startet die Trainingseinheit zunächst mit einem auflockernden Negativbeispiel. Hierfür dient ein ca. dreiminütiger Film, der gelangweilte Zuhörer bei einem schier endlos erscheinenden Vortrag zeigt. Überleitend folgt ein kurzer Theorieblock, bei dem die Teilnehmer erfahren, was unter alternativen Lehr- und Lernmethoden verstanden wird sowie über deren Verwendung und Anwendungsbereiche.

Der Hauptteil wird in den Rahmen einer bekannten Fernsehquizshow eingebettet. Zu Beginn kündigt der Moderator der Quizshow die „Fitmacher-Runde" an und teilt hierfür die Teilnehmer in fünf Kleingruppen à vier Personen ein. Diese „Fitmacher-Gruppen" beschäftigen sich jeweils mit einer alternativen Lehr- und Lernmethode (s. Anhang A 3.2) und diskutieren untereinander. Nach einer kurzen Pause geht es in die nächste Runde. Hierfür werden die Mitglieder der „Fitmacher-Gruppen" in die eigentlichen Gruppen der anschließenden Quizshow eingeteilt und sollen sich nun gegenseitig die gerade erarbeiteten Inhalte vermitteln, sodass am Ende dieser Runde jeder mit den fünf verschiedenen Methoden vertraut ist. Die nun entstandenen Gruppen, die ab jetzt zusammen arbeiten, bestehend aus jeweils einem Experten für jeweils eine Methode (vier Gruppen à fünf Experten). Zur Unterscheidung könnte man jeder Gruppe eine Farbe zuordnen. Erst dann beginnt die alles entscheidende Phase – das Quiz. Hierbei werden dem gesamten Plenum Fragen im Stil der Show „Wer wird Millionär?" gestellt. Diejenige Gruppe, die die korrekte Antwort zuerst nennt, bekommt die Punkte. Am Ende erhält das Team, das die meisten Punkte sammeln konnte, einen kleinen Preis.

Anschließend werden die Teilnehmer über die innerhalb der Trainingseinheit angewandten Methoden des „Jigsaw Learnings" und des „Lernwettbewerbs" aufgeklärt.

Es folgt eine Übung, bei der erneut in den Experten-Gruppen gearbeitet wird. Die während der Bearbeitung der Übung gesammelten Ideen werden von den Trainern an der Metaplan-Wand vorgestellt.

Zum Schluss erhalten die Teilnehmer ein Handout und die Hausaufgaben (s. Anhang A 3.4 und A 3.5) für die nächste Einheit.

3.3 Bewertung

Das Besondere dieser Trainingseinheit ist die Verknüpfung von theoretischem Lernen mit der direkten, praktischen Anwendung der alternativen Methoden. Dadurch wird spielerisch gelernt. Die Methoden werden also mithilfe genau dieser Methoden vermittelt.

Das angestrebte Ziel des Trainings umfasst neben der Beschreibung der Methoden auch allgemeine Ratschläge zu deren Anwendung und Einsatzmöglichkeiten. Aufgrund des engagierten Arbeitens in Kleingruppen sollen die Teilnehmer eigene Erfahrungen und Meinungen mit in das Training einbringen. Es ist vor allem wichtig, dass sich die Seminarteilnehmer aktiv an der Trainingseinheit beteiligen können.

Am Anfang der Trainingseinheit sollten die Teilnehmer erst dann in den Trainingsraum gebeten werden, wenn alle Vorbereitungen abgeschlossen sind. Sollten später beispielsweise noch Tischgruppen verändert werden müssen, ist dies schwierig, wenn die Teilnehmer schon anwesend sind.

Die Lerntexte und Instruktionen sollten an alle Teilnehmer in Schriftform ausgeteilt werden. Eine Version pro Sitzgruppe ist nicht ausreichend, da es vermehrt zu Rückfragen kommen kann.

Für das Aufstellen der Sitzgruppen sollte ausreichend Platz vorhanden sein. Für die Teilnehmer ist es ziemlich ärgerlich, wenn sie beim Diskutieren innerhalb ihrer Gruppe ständig den Informationsaustausch des Nachbartisches wahrnehmen.

Die Durchführung dieser Trainingseinheit erfordert eine recht aufwendige Materialentwicklung. Die technischen Mittel (Lautstärkeregelung, Größe des Filmausschnitts, evtl. Anschluss von Lautsprechern am Laptop, Videobenutzung usw.) sind vorher genau zu testen und auch der zeitliche Ablauf sollte eingeübt werden. Sicherheitshalber sind Zeitpuffer für Unvorhergesehenes einzuarbeiten.

Literatur

Silberman, M. (1998). *Active training. A handbook of techniques, designs, case examples and tips* (2. ed.). New York: Macmillan, Inc.

Anhang: Alternative Lehr- und Lernmethoden

A 3.1 Folien

Mit den Folien 1 bis 3 wird der Theorieblock I durchgeführt.

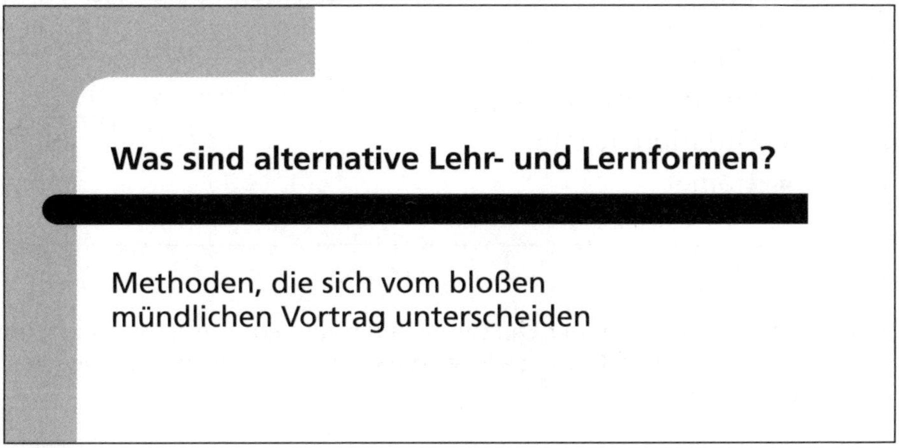

Was sind alternative Lehr- und Lernformen?

Methoden, die sich vom bloßen mündlichen Vortrag unterscheiden

Abb. 3.1: Folie 1

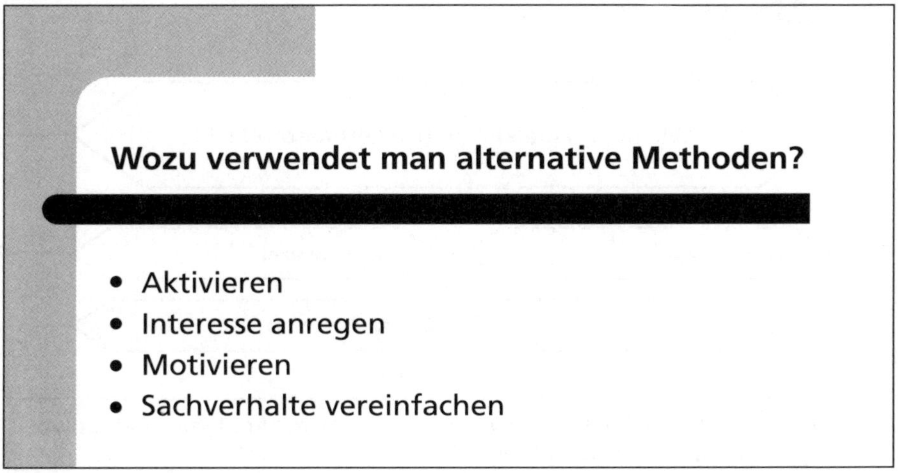

Wozu verwendet man alternative Methoden?

- Aktivieren
- Interesse anregen
- Motivieren
- Sachverhalte vereinfachen

Abb. 3.2: Folie 2

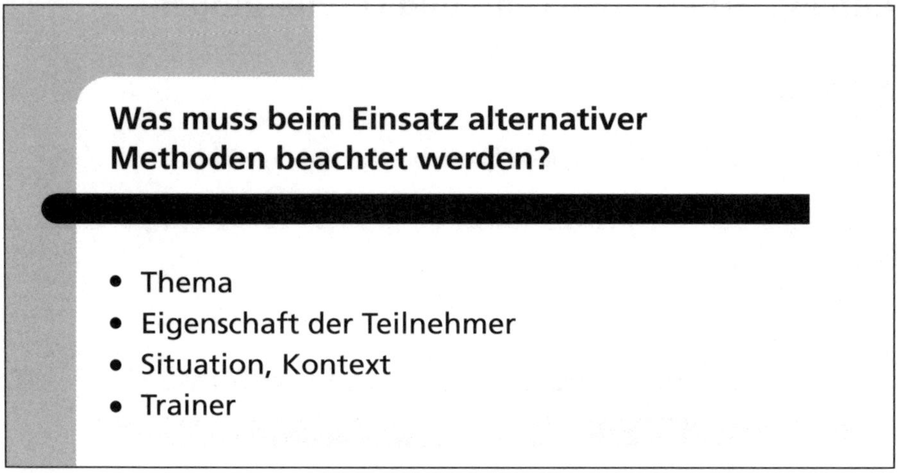

Was muss beim Einsatz alternativer Methoden beachtet werden?
• Thema
• Eigenschaft der Teilnehmer
• Situation, Kontext
• Trainer

Abb. 3.3: Folie 3

Während des zweiten Teils der Quizshow findet ein Lernwettbewerb statt. Im Stil der Show „Wer wird Millionär?“ werden Folien nach dem folgenden Beispiel verwendet:

50:50
Wie heißt eine alternative Lernmethode ?
A: Reifenspiel
B: Kugelspiel
C: Ballspiel
D: Rollenspiel

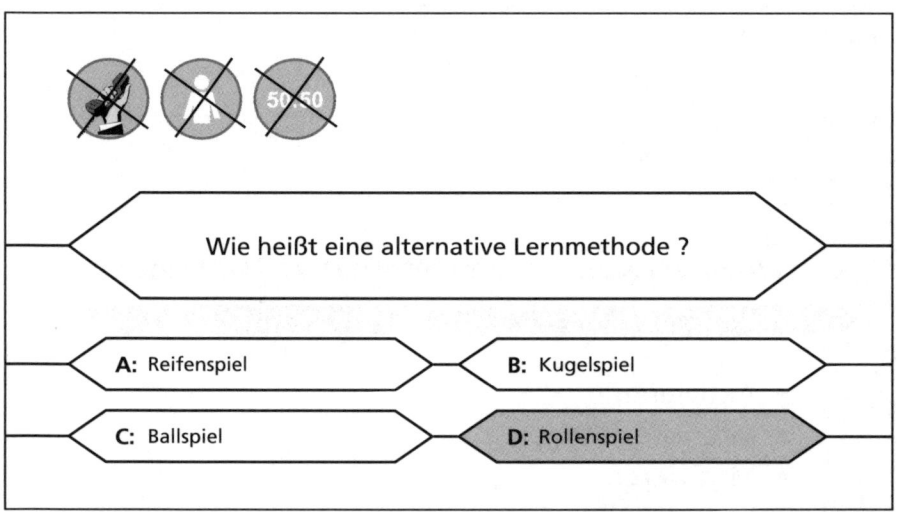

Abb. 3.4: Folie 4 (Quelle: http://www.powerpoint-forum.de/presnet_downloads/presnet_downloads.php)

Im Theorieblock II, der auf die Quizshow folgt, werden drei weitere Folien gezeigt, um die beiden durchgeführten Methoden noch einmal zu verdeutlichen. Bei der mündlichen Instruktion zum Bilden der Experten-Gruppen ist exakte Planung notwendig. Je nachdem, wie viele Personen pro Fitmacher-Gruppe teilnehmen, lässt man sie entsprechend abzählen. Dann bittet man alle „Einser" in einer Sitzgruppe Platz zu nehmen, alle „Zweier" in der nächsten usw.

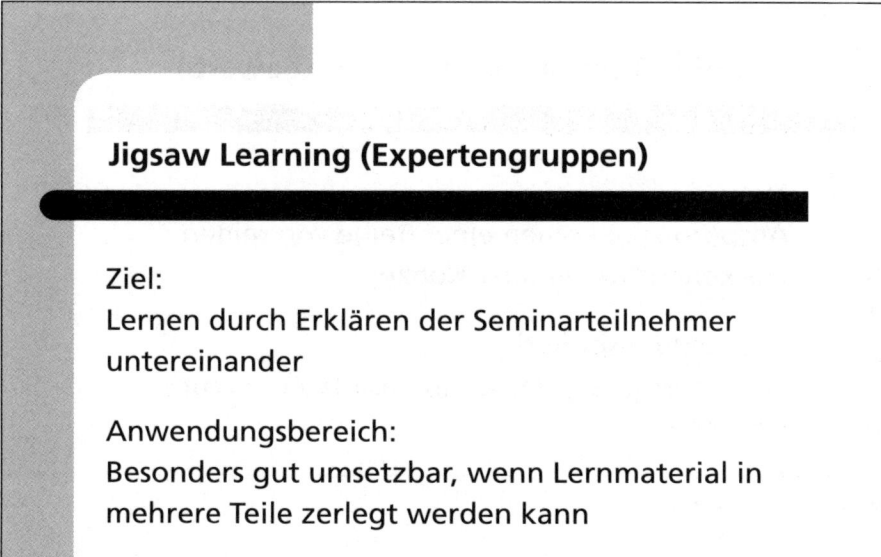

Abb. 3.5: Folie 5

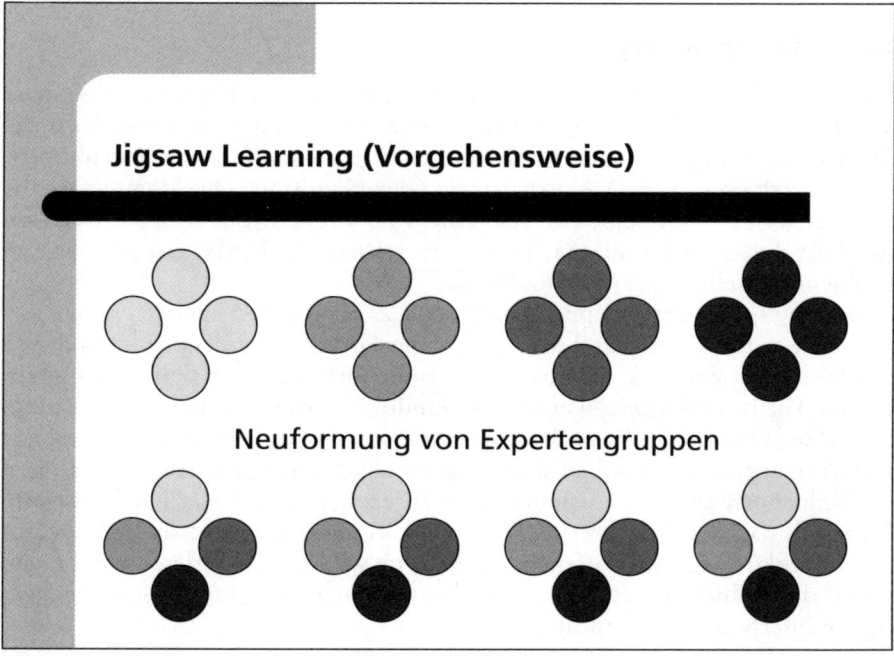

Abb. 3.6: Folie 6

Learning Tournament (Lernwettbewerb)

Ziel:
Ansporn zum Lernen einer Reihe von reinen trockenen Fakten oder Konzepten

Anwendungsbereich:
Besonders geeignet, wenn das Material sehr trocken ist.

Abb. 3.7: Folie 7

A 3.2 Lerntexte für die Übung zu den alternativen Lehr- und Lernformen

Text 1: Group Inquiry

Bei dieser Methode fordert der Trainer die Teilnehmer zu Beginn des Seminars auf, eigene Fragen zu einem vorgegebenen Thema zu generieren. Falls die Teilnehmer wenig Vorwissen haben, sollten sie zuerst relevantes Instruktionsmaterial erhalten, z. B. Arbeitsbeispiele oder Handouts. Dies dient dazu, die Neugier und das Interesse der Teilnehmer zu wecken. Ein anderer Weg, um die Teilnehmer zu ermutigen, Fragen zu stellen, ist es, die Gruppe vor ein Problem zu stellen, das es zu lösen gilt.

Wichtig ist es, der Gruppe ausreichend Zeit zu geben, damit Fragen formuliert werden können und man sich in die Thematik eindenken kann. Diese Methode ermöglicht es, die Lehrform den Bedürfnissen der Teilnehmer anzupassen. Die Instruktionen werden als Handouts verteilt. Weiterhin ist es möglich, Dias, Overheadfolien oder kopierte Texte zu verwenden. Ziel ist es, mit den vorgelegten Materialien das Interesse zu wecken, die Aufmerksamkeit der Teilnehmer zu bekommen und sie anzuregen, Fragen zu stellen. Ideal wäre Material, das oberflächlich die Thematik anschneidet, Details und spezifischere Erklärungen aber offen lässt. Dadurch wird das Generieren von Fragen durch die Teilnehmer stimuliert und den Teilnehmern die Chance gegeben, eigene Interpretationen zu finden.

Die Teilnehmer werden gebeten, das Handout in Kleingruppen oder zusammen mit einem Partner zu bearbeiten, um so viel Informationen aus dem Handout zu ziehen wie möglich. Dabei sollen sie alles, was sie nicht verstehen, markieren und mit einem Fragezeichen versehen. Alternativ kann auch mit Textmarkern gearbeitet werden. Falls es die Zeit zulässt, können sich die einzelnen Gruppen zusammentun und gemeinsam versuchen, die offenen Fragen zu klären. Dieser Zwischenschritt ist jedoch nicht zwingend nötig. Im nächsten Schritt werden die Gruppen dann aufgelöst und es kommt im großen Plenum zu Diskussionen und zur Beantwortung der Fragen. Letztendlich wird bei dieser Methode der Inhalt nicht durch eine reine Präsentation oder einen Frontalvortrag vermittelt, sondern die Lehre erfolgt aufgrund der interaktiven Beantwortung der Fragen. Eine andere Möglichkeit ist, erst alle Fragen zu notieren und nachfolgend einen Vortrag zu halten, bei dem speziell auf die einzelnen Punkte eingegangen wird.

Tritt der Fall ein, dass die Teilnehmer nicht mit dem ausgeteilten Material zurechtkommen, sollten zusätzliche Informationen zur Verfügung gestellt werden, die den Teilnehmern helfen, sich ein Grundwissen anzueignen und sich zu orientieren. Anschließend werden das Selbststudium und das Generieren von Fragen fortgesetzt.

Text 2: Guided Teaching

Ziel dieser Methode ist die aktive Beteiligung der Teilnehmer, indem anstelle des bekannten Frontalunterrichts (Vorlesung) zu Beginn einer Veranstaltung Fragen gestellt werden. Dies dient dazu, das Wissen der Teilnehmer abstecken zu können und einen Überblick über deren Kenntnisse zu erhalten. Des Weiteren wird durch die aktive Beteiligung eine viel größere Aufmerksamkeit erzielt. Die geäußerten Ideen der Teilnehmer werden mit denen verglichen, die der Trainer als Konzept im Kopf hat. Das Guided Teaching hat den Vorteil für den Dozenten, dass er schon zu Beginn des Trainings erfahren kann, was die Teilnehmer bereits wissen und verstanden haben und eventuell aufkommende neue Ideen in sein Konzept aufnehmen kann.

Der Trainer muss vorher genau wissen, was er vermitteln möchte und eine exakte Vorstellung dessen im Kopf haben, wie sich das Thema in einer bestimmten Weise gliedern und kategorisieren lässt. Es werden entweder eine oder mehrere Fragen in den Raum geworfen, welche die Teilnehmer animieren sollen, über das Thema nachzudenken. Am besten eignen sich Fragen, Themen oder Statements, die zahlreiche Antwortmöglichkeiten zulassen, sodass die Teilnehmer auf möglichst viele Ideen kommen, die sie frei und unverbindlich äußern sollen. Im Anschluss an das „Ideensammeln" werden sie paarweise oder in Kleingruppen eingeteilt, um einige Minuten die Ideen nochmals zu überdenken und abzuwägen. Die geäußerten Antworten werden registriert, aufgelistet und notiert. Sofern es möglich ist, werden sie sortiert, wobei der Trainer immer wieder lenkend in diesen Prozess eingreift. Auf diese Weise streut er seine Auffassung in die Diskussion ein, um so die Kategorien bilden zu lassen, die er vermitteln möchte.

Zu guter Letzt werden die Hauptlerninhalte, die es zu vermitteln galt, vom Trainer präsentiert. Die Teilnehmer werden nun aufgefordert zu überlegen, inwiefern ihre Antworten in das vorgegebene Konzept passen. Der Trainer notiert abschließend alle Ideen und Hypothesen, die ergänzend zu seinem bestehenden Konzept geäußert wurden.

Text 3: Mentales Vorstellen

Es gibt sechs Arten mentaler Vorstellungen: visuelles Vorstellen, taktiles Vorstellen, Geruchsvorstellung, kinästhetische Vorstellung, Geschmacksvorstellung und auditive Vorstellung. Hierbei handelt es sich um die Fähigkeit, sich etwas vorstellen zu können, das momentan nicht existent ist.

Mentales Vorstellen kann dazu genutzt werden, den Teilnehmern beim Behalten von kognitiven Informationen behilflich zu sein oder prozedurale Prozesse im Geiste zu „trainieren". Der besondere Wert liegt somit darin, Personen dabei zu helfen, ihre Fertigkeiten geistig zu festigen. Handlungen können nach zahlreichen mentalen Vorstellungen des jeweils gleichen Ablaufs optimierter umgesetzt werden (z. B. bei Sportlern). Fähigkeiten, wie zum Beispiel das Vorsprechen vor einer Gruppe oder selbstbewusstes Handeln können ebenfalls erfolgreich durch mentales Vorstellen geübt werden. So kann das mentale Vorstellen auch das Rollenspiel ersetzen. Sobald Dinge oder Abläufe internalisiert sind, verursachen sie bei den Teilnehmern weniger Ängste, wenn diese z. B. im Rampenlicht vor einer Gruppe von Menschen etwas leisten sollen.

Wenn die Teilnehmer aufgefordert werden, eine Erfahrung zu visualisieren, können mit dem Thema verbundene Gefühle und Gedanken aktiviert werden. Ein Beispiel: In einem Workshop für zwischenmenschliche Beziehungen werden die Teilnehmer angehalten, sich vorzustellen, dass sie unsichtbar in die Wohnungen von Menschen verschiedener Religionen gehen, um zu sehen, wie diese religiöse Feste oder Feiertage begehen. Es folgt eine Diskussion über die Normen der verschiedenen Gruppen.

Wichtig ist es, den Teilnehmern zu helfen, ihren Geist zu „öffnen", indem der Trainer sie bei der Entspannung unterstützt (z. B. Musik, gedämpftes Licht, etc.). Es können auch Aufwärmübungen für die Sinne gemacht werden, um das geistige Auge zu öffnen. Die Teilnehmer schließen die Augen und stellen sich vor durch eine Wohnung zu gehen: sie riechen das Rosmarin, sie hören die Geräusche im Wald, sie spüren das Prasseln des Regens auf ihrer Haut usw. Der Trainer geht weiter auf die Teilnehmer ein und versichert ihnen, dass es vollkommen in Ordnung ist, wenn sie dabei Schwierigkeiten haben. Manche Personen blockieren anfangs, bevor sie entspannt genug sind. Am besten sagt man ihnen, dass sie sich gedulden sollen. Die Instruktionen sollten vom Trainer mit ausreichend Pausen gegeben werden, seine Sprache sollte langsam sein, ruhig und weich klingen. Im nächsten Schritt werden die Teilnehmer aufgefordert, ihre Vorstellungen verbal oder schriftlich mitzuteilen. Dieser Schritt sollte nur auf freiwilliger Basis beruhen, keiner darf dazu gezwungen werden. Die Berichte sollten sehr kurz gehalten werden, da ansonsten die Gefahr besteht, dass es für die Beteiligten zu langatmig wird.

Das mentale Vorstellen kann auch zur reinen Entspannung in Trainingseinheiten verwendet werden. So können bei anstrengenden Trainings Entspannungseinheiten durchaus angebracht sein, um wieder Energie zu sammeln und die Konzentration zu erhöhen. Phantasiereisen sind hier zur Entspannung besonders geeignet.

Text 4: Spiele

Spiele werden dazu verwendet, die Teilnehmer zu aktivieren und die Trainingsatmosphäre aufzulockern. So können z. B. Bewegungs- und Aktivierungsspiele nach langen Theorieteilen oder Pausen zur erneuten Motivierung der Teilnehmer durchgeführt werden oder auch Konzentrationsspiele nach einer langen Gruppenübung helfen, wieder zu sich zu kommen. Weiterhin empfehlen sich Spiele auch zum Einüben von Fertigkeiten oder zur Überprüfung von Fortschritten, die durch das Training erzielt wurden.

Spiele zum Aufbau von Fertigkeiten sollten passend und angemessen ausgewählt werden und von Bedeutung für die Teilnehmer und die Thematik des Seminars sein. Der einfachste Weg, Spiele zu entwickeln, ist es, Aufmachung und Charakter bekannter Spiele nachzuahmen. Sie werden den individuellen Gruppenbedürfnissen angepasst und häufig ein wenig modifiziert. Unterhaltsamen, lustigen oder arrangierten Spielen können ernste und weniger strukturierte Spiele folgen[2].

Der Einsatz eines Spiels zu Beginn des Trainings hat den Vorteil, dass die Teilnehmer schon vorab ein Gefühl für die Inhalte bekommen und somit sensibler und auch aufmerksamer für die Thematik werden. Die Instruktionen für die Spiele sollten gut durchdacht und leicht verständlich sein.

Nach der Spielphase sollten die durchgeführten Spiele sowie deren Ergebnisse und die gewonnenen Einsichten diskutiert werden. Dies dient dazu, den Teilnehmern Raum zu geben, ihre Erfahrungen zu verarbeiten und die zugrunde liegenden dynamischen Prozesse besser zu verstehen. Weiterhin sollten Transfermöglichkeiten wie auch die Bedeutung für den beruflichen oder sozialen Alltag besprochen werden. Auf die Diskussion sollte großes Gewicht gelegt und auch viel Zeit dafür reserviert werden. Der Anteil der Diskussion kann durchaus um ein Vielfaches größer sein als die eigentliche Spieldauer.

Ein sehr bekanntes und häufig angewandtes Spiel ist das Prisoners' Dilemma Game. Dieses Spiel verdeutlicht in seinem Verlauf sehr eindrucksvoll das enorme, häufig unbewusste Konkurrenzdenken vieler Seminarteilnehmer. Dieses Konkurrenzdenken verhindert eine Erfolgsmaximierung, die erst durch kooperatives Verhalten ermöglicht werden kann. Durch die Kon-

---

[2] Für Spiele und Ideen empfehlen wir: Wallenwein, G. F. (2003). Spiele: Der Punkt auf dem i. Kreative Übungen zum Lernen mit Spaß (5. Aufl.). Weinheim: Beltz.

frontation der Teilnehmer mit ihren eigenen Einstellungen, Haltungen und Werten können alternative Verhaltensweisen sehr gut erklärt und gelernt werden.

Zu den gruppendynamischen Spielen zählen auch alle Kommunikationsspiele. Diese können den Teilnehmern kommunikative Strukturen und Verbesserungsmöglichkeiten aufzeigen, und zwar auf spielerische Art und Weise.

Text 5: Rollenspiel

Rollenspiele sind der beste Weg, um Teilnehmern eines Seminars dabei zu helfen, eine bestimmte Situation aus verschiedenen Blickwinkeln zu erfahren, Verhaltensweisen oder Kommunikationsstrategien einzuüben oder sich über Gefühle in bestimmten Situationen klar zu werden. Hierfür gibt der Trainer den Teilnehmern eine Situation vor, die diese spielen sollen, indem sie verschiedene Rollen übernehmen.

Bei der Vorgabe der Situationen und Rollen gibt es verschiedene Möglichkeiten bzw. verschiedene Arten von *Skripten* oder Drehbüchern. Während bei der Improvisation nur ein grober Rahmen vorgegeben ist, sodass die Spontaneität der Teilnehmer gefördert werden kann, können andererseits auch vorgeschriebene Rollen nachgespielt werden. Eine andere Möglichkeit besteht darin, eine wirkliche Situation (neutral oder als Satire) nachzustellen, was den Vorteil mit sich bringt, dass diese sehr realistisch ist und auch den größten Praxisbezug hat. Generell gilt die Faustregel: Je freier die Teilnehmer in der individuellen Gestaltung ihrer Rolle sind, desto größer ist der Lerneffekt.

Ebenso wie es verschiedene Vorgaben für die Situationen und Rollen gibt, gibt es auch verschiedene Formen der Gestaltung von Rollenspielen: so zum Beispiel das sogenannte informelle Rollenspiel, das spontan und am Platz stattfindet, andererseits besteht aber auch die Möglichkeit, eine Kleingruppe auf der Bühne performen zu lassen, während der Rest der Gruppe das Geschehen beobachtet und Feedback gibt.

Für die Aufbereitung nach dem Rollenspiel können zuvor Beobachter bestimmt werden, die das Geschehen nach vorgegebenen Instruktionen und Gesichtspunkten beobachten sollen. Die Teilnehmer können nach Gefühlen, Absichten und Reaktionen gefragt werden. Dadurch erhält man individuelle Selbsteinschätzungen. Weiterhin gibt es die Möglichkeit einer offenen Zuschauerdiskussion mit Feedback, wobei hier Richtlinien vorgegeben werden sollten, z. B. positives Feedback an erster Stelle, erst danach die Kritik. Den Akteuren muss in jedem Fall ihr positives Selbstwertgefühl belassen werden!

Einer der größten Vorteile von Rollenspielen ist der Erwerb von Fertigkeiten durch Übung. So sollte der Trainer bei der Entwicklung neuer Fertigkeiten zunächst die erwünschte Fertigkeit demonstrieren, jedoch nicht zu viel erklären. Die Teilnehmer beobachten das Geschehen vorerst nur passiv. Paarweise sollen sie im Anschluss über die Darbietung diskutieren und sie sich dadurch ins Gedächtnis rufen. Im nächsten Schritt sollen Fragen gestellt werden und nach deren Beantwortung sollen die Fertigkeiten im Zweierteam einstudiert werden. Alternativ kann man die Teilnehmer auch dazu ermuntern, die Fertigkeit selbst zu zeigen, ohne dass sie vorher demonstriert wurde.

A 3.3 Material zur Übung „Alternative Lehr- und Lernmethoden einsetzen"

Sie planen ein Training zur neuen deutschen Rechtschreibung. Ihre Teilnehmer, Mitarbeiter einer Versicherungsgesellschaft, sollen nach dem Training

- die geänderten Regeln kennen und
- anwenden können,
- außerdem wissen, wie sie selbstständig weiterüben können und wo sie bei Problemen Hilfe finden.

Wie können Sie Ihr Training mit alternativen Lehr- und Lernmethoden so gestalten, dass Ihre Teilnehmer trotz des trockenen Themas motiviert sind und effektiv lernen?

Sammeln Sie in der Gruppe Ideen und notieren Sie diese stichpunktartig auf Papierkarten.

A 3.4 Hausaufgabe

Welche Methode wurde in diesem Seminar angewandt?
In einem Kurs mit dem Thema „Entwicklung neuer Medikamente" teilte der Trainer ein Schaubild aus. Dieses stellte die einzelnen vorklinischen und klinischen Phasen bei der Testung eines neuen Medikamentes dar sowie das, was in den jeweiligen Phasen passiert. Die Teilnehmer wurden in Kleingruppen aufgeteilt und gebeten, das Schaubild zu diskutieren und dabei alle unbekannten Wörter und Zeichen einzukringeln. Da das Diagramm etwas mehrdeutig gestaltet war, wurden hierbei sehr viele Begriffe markiert. Die Teilnehmer wollten beispielsweise die Unterschiede zwischen den Phasen I und II wissen sowie die Bedeutung von „Langzeit"-Tierversuchen. Nachdem der Trainer all diese Fragen geklärt hatte, bat er die Teilnehmer das Diagramm im Folgenden weiterhin zu betrachten und Fragen über das „Wie?" und das „Warum?" zu generieren, z. B. „Warum werden die Tierversuche mit einem Medikament fortgesetzt, auch wenn das Medikament schon am Menschen eingesetzt wird?" Durch das lebhafte Fragen und Antworten wurden die Teilnehmer sehr aktiviert und motiviert und wussten am Ende der Sitzung bestens über den Prozess Bescheid, den ein neues Medikament durchlaufen muss, ehe es auf den Markt kommt.

Welche Methode würden Sie als Trainer im folgenden Fall anwenden?
Sie sind Trainer eines Seminars mit dem Thema „Stressmanagement". Ihr Auftraggeber hielt Sie dazu an, den 30 Seminarteilnehmern sechs verschiedene Strategien und Techniken zum Umgang mit und zur Bewältigung von Stress zu vermitteln.

Welche Methode würden Sie als Trainer im folgenden Fall anwenden?
In einem Seminar sollen die Teilnehmer lernen, ihre unangenehmen Gefühle, die bei der Auseinandersetzung mit Mitarbeitern/Kollegen oder Vorgesetzten aufkommen können, zu regulieren. Außerdem soll weiterhin eine angemessene Art und Weise erlernt werden, mit diesen Konflikten umzugehen und sie konstruktiv für neue Lösungen zu nutzen. Techniken, die hier erlernt werden sollten, sind vor allem auch verschiedene Verhandlungs- und Gesprächsführungstechniken.

Welche Methode wurde hier angewandt?
In einem Training zu „basic management skills" werden die Teilnehmer nach Gründen gefragt, die einen Arbeitnehmer dazu veranlassen könnten zu kündigen. Der Trainer möchte das Nachdenken über das Thema „Motivation" anregen. Die Teilnehmer formulieren zunächst zahlreiche Ideen und kommen im Verlauf der späteren Diskussion zu dem Schluss, dass es drei große verantwortliche Kategorien als Ursache geben kann: Arbeitnehmerfaktoren (Karriereplanung, etc.), Managementfaktoren (Konflikte, etc.) und Organisations- und Systemfaktoren (Lohn, Unternehmenskultur, etc.). Anschließend präsentiert der Trainer sein Konzept.

_____
_____
_____

Welche Methode würden Sie als Trainer im folgenden Fall anwenden?
Ein Hochspringer und zweifacher deutscher Meister kommt zu Ihnen. Vor kurzem hat er den Trainer gewechselt und eine neue Sprungtechnik erlernt. Seitdem funktioniert gar nichts mehr. Er hat die neue Technik noch nicht verinnerlichen können und schafft es auch nicht, sie im Training umzusetzen. In einer Sportfachzeitschrift habe er gelesen, dass man durch neue Methoden praktisch alle Abläufe verinnerlichen könne und hoffe nun, dass ihm dieser Trick auch beim Erlernen der Technik des neuen Hochsprungtrainers weiterhelfen könne. Über welche Methode berichtete die Fachzeitschrift?

_____
_____
_____

Welche Methode verwenden Sie in diesem Fall?
Sie müssen als Trainer Ihrer Gruppe eine unglaublich trockene Thematik näher bringen. Sie merken, dass es ganz schön schwierig wird, die Gruppe zu motivieren. Was können Sie tun, um das Thema nett zu verpacken?

_____
_____
_____

A 3.5 Handout

Jigsaw Learning (Gruppenpuzzle)

Lernen durch Erklären der Seminarteilnehmer untereinander.

- Bildung von Kleingruppen (**Fitmacher-Gruppen**): Jede dieser Gruppe lernt bzw. erarbeitet ein Teilgebiet des Themas. Sehr hilfreich ist es, wenn die Trainer Lerntexte austeilen und Leitfragen vorgeben, anhand derer sich die Teilnehmer das Thema erarbeiten können.
- Anschließend Umformung der Gruppen zu **Experten-Gruppen**, sodass in jeder neuen Kleingruppe ein Experte für jeweils ein Teilgebiet ist (s. Anhang A 3.1, Abb. 3.5 u. 3.6).
- Gegenseitiges Lehren des zuvor gelernten Teilaspekts und Diskussion der Inhalte.

→ Besonders gut umsetzbar, wenn das Lernmaterial in mehrere Teile zerlegt werden kann.

Guided Teaching

Gezielte Fragen des Trainers zu einem Themengebiet zu Beginn eines Seminars aktivieren die Teilnehmer, ermitteln ihre Vorkenntnisse und machen neugierig auf die Thematik. Neue Ideen der Teilnehmer sind erwünscht.

- Durch die Art der Fragen strukturiert der Trainer das Thema vorab,
- „Ideensammlung" mit den Teilnehmern,
- anschließend Kleingruppendiskussion,
- Bildung von Kategorien im Plenum, gelenkt vom Trainer,
- Präsentation des Trainingskonzeptes und der Inhalte und ggf. Erweiterung der Kategorien.

→ Geeignet für Wissen, das sich gut strukturieren und kategorisieren lässt. Ist eine aktive Methode, um gerade zu Beginn einer Trainingseinheit Interesse zu wecken und das Thema übersichtlich darzustellen.

Learning Tournament (Lernwettbewerb)

Erhöht den Ansporn zum Lernen von reinen Fakten oder Konzepten.

- Bildung von Teams: Lesen und Lernen von Material,
- Quiz-Runde: Fragen z. B. in Form einfacher Statements, die es zu beantworten gilt (korrekte Antworten müssen ggf. vom Trainer gegeben werden),
- Teams treten gegeneinander an,
- nächste Lernrunde mit anschließendem Quiz,
- mehrere Wiederholungen fördern den Wettbewerbscharakter.

→ Besonders geeignet, wenn das Material sehr trocken ist.

Group Inquiry

Aktive Teilnahme durch eigene Fragengenerierung der Teilnehmer zu dem Material.

- Aushändigen von Material, das bewusst Fragen aufwirft,
- Teilnehmer markieren alles was sie nicht verstehen und formulieren dazu die Fragen,
- Diskussion und Beantwortung der Fragen im Plenum.

→ Sehr geeignet bei Material, welches keine eindeutigen Antworten und weniger spezifische Informationen gibt.

Spiele

Aktivierung, Auflockerung und Sensibilisierung für ein Thema.

- Auswahl geeigneter Spiele, wie z. B. Bewegungsspiele nach einem langen Theorieteil, Aktivierungsspiele nach einer Pause, Kommunikationsspiele zum Erwerb kommunikativer Kompetenzen oder auch die Kreation eigener neuer Spiele durch Nachahmung und Modifikation bekannter Spiele zum Zwecke der Inhaltsvermittlung,
- Durchführung des Spiels,
- Diskussion der Erfahrungen und der Bedeutung für jeden Teilnehmer (mindestens genauso wichtig wie das eigentliche Spiel).

→ Geeignet für sehr viele Situationen, angefangen von der Aktivierung der Teilnehmer bis hin zur Lösung von Konflikten in der Gruppe oder als Messinstrument vorhandener Verhaltensstile.

Mentales Vorstellen

Geistiges Verinnerlichen von prozeduralen Fertigkeiten durch visuelles Vorstellen, taktiles Vorstellen, Geruchsvorstellung, kinästhetische Vorstellung, Geschmacksvorstellung oder auditive Vorstellung.

- Wiederholtes Vorstellen von Handlungsabläufen,
- Aktivierung von relevanten Gefühlen und Gedanken nach Aufforderung durch den Trainer,
- Entspannungsübungen mit Sinneswahrnehmungen,
- Diskussion oder Berichterstattung über Erfahrungen während des Vorstellens.

→ Besonders geeignet zum Erwerb von komplexen Handlungsabläufen. Kann das Rollenspiel ersetzen, falls die Teilnehmer zu schüchtern sind. Auch geeignet zur reinen Entspannung während eines Trainings (Vorstellen von Phantasiereisen), um die Konzentration der Teilnehmer zu verbessern.

Rollenspiel

Situation aus verschiedenen Blickwinkeln erleben, Verhaltensweisen oder Kommunikationsstrategien einüben, Gefühle erkennen (wird in Kapitel 4 ausführlich behandelt).

- Situations- und Rollenvorgaben auswählen, z. B. Improvisation, vorgeschriebene Rollen, fertiges Drehbuch,
- Vorgabe der Gestaltungsform auswählen, z. B. informelles Rollenspiel, gleichzeitiges Rollenspiel, abwechselndes Rollenspiel,
- Aufbereitung und Diskussion über die Inhalte und die Durchführung des Rollenspiels.

→ Besonders geeignet, um den Umgang mit bestimmten emotionalen Situationen zu erlernen oder Fertigkeiten zu erwerben.

4 Vortrag, Diskussion und Metaplan-Technik

In Kapitel 3 haben die Teilnehmer alternative Lehr- und Lernmethoden kennengelernt, welche anstelle eines klassischen Vortrags eingesetzt werden können. Jedoch, nicht in allen Situationen lässt sich ein Vortrag ersetzen, ist er doch auch eine wichtige Form zur Vermittlung theoretischer Inhalte. Ein Ziel dieser Trainingseinheit ist es daher, den Teilnehmern einen guten Vortragsaufbau und eine günstige Art der Vermittlung näher zu bringen. Darüber hinaus werden den Teilnehmern zwei weitere alternative Lehr- und Lernmethoden vorgestellt: Diskussionen und die Metaplan-Technik sind in Trainings vielfältig einsetzbar.

Vor der Durchführung einer Diskussion sind die Vor- und Nachteile dieser Methode abzuwägen, auf die in dieser Einheit deshalb besonders eingegangen wird. Die Metaplan-Technik gilt als eine wichtige Methode, um Inhalte übersichtlich zu vermitteln und nach verschiedenen Gesichtspunkten zu gliedern. Den Teilnehmern werden hier verschiedene Einsatzmöglichkeiten vorgestellt.

4.1 Analytischer Teil

4.1.1 Sachanalyse

Vortrag

Das Hauptziel eines Vortrags (einer Präsentation) ist es, eigenes Wissen an eine Personengruppe zu vermitteln. Diese Wissensvermittlung geschieht verbal. Zusätzlich sollte der Vortragende aber Medien verwenden, um seine verbalen Äußerungen visuell zu unterstützen. Damit ein Vortrag erfolgreich verlaufen kann, sind mehrere Punkte zu beachten:

a) Planung des Vortrags
Am Anfang sollte eine genaue Zielformulierung stehen: Was will ich vermitteln? Wenn feststeht, was der Vortrag beinhalten soll, kommt die Frage nach dem „Wie". Dabei ist es wichtig, sich an der Zielgruppe des Vortrags zu orientieren: Welche Vorkenntnisse/Interessen/Erwartungen haben die Zuhörer? Die Beantwortung dieser Frage bildet den Ausgangspunkt, um den Vortrag so zu gestalten, dass beim Zuhörer Interesse geweckt wird und er inhaltliche Grundkenntnisse erlangt.

Eine wichtige Faustregel bei Vorträgen lautet: Weniger ist mehr! Werden die Zuhörer mit zu vielen Informationen konfrontiert, werden sie schnell ermüden und kaum etwas behalten. Daher sollten die zu vermittelnden Inhalte vorher gut ausgewählt und gewichtet werden.

Auch wenn ein Vortrag in der Vorbereitung minutiös geplant wurde: Es kann immer passieren, dass Unvorhergesehenes die Zeitplanung über den Haufen wirft. Deshalb ist es wichtig, einen Zeitpuffer einzuplanen – ein Teil gegen Ende des Vortrags, der bei Zeitknappheit einfach wegfallen kann, ohne dass dies die Struktur des Vortrags verändert oder von den Zuhörern überhaupt bemerkt wird.

Es sollte bei einem Vortrag keine Zeit verloren gehen, weil es Probleme mit den Präsentationsmedien gibt! Bei der Vorbereitung sollte unbedingt geklärt werden, wie die Rahmenbedingungen für den Vortrag aussehen: Welcher Raum steht zur Verfügung, wie viele Zuhörer werden da sein, welche Medien sind verfügbar, wie viel Zeit steht zur Verfügung? Aus der Beantwortung dieser Fragen ergibt sich, was im Vorfeld noch organisiert werden muss. Bei der Verwendung elektronischer Präsentationsmedien wie Laptop und Beamer sollte deren Funktionsfähigkeit rechtzeitig überprüft und die richtige Bedienung geübt werden.

b) Struktur
Die typische Struktur eines Vortrags besteht aus: Einleitung, Hauptteil und Schluss. Besonderes Gewicht haben dabei Einleitung und Schluss. Zwar nehmen sie im Vergleich zum Hauptteil jeweils nur ein Zehntel der Zeit des Vortrags in Anspruch, in die Bewertung eines Vortrags gehen sie aber jeweils mit einem Drittel ein. Deshalb sollte besonderer Wert auf die Planung von Einleitung und Schluss gelegt werden. Die ersten und die letzten Sätze sollten intensiv vorbereitet werden: Sie können z. B. im Vorfeld Wort für Wort aufgeschrieben und dann auswendig vorgetragen werden.

c) Inhalt
Einleitung: Die Einleitung dient dazu, „Herzen und Ohren" der Teilnehmer zu gewinnen. Sie sollte Interesse wecken, den Nutzen des Vortrags für die Teilnehmer hervorheben, einen Überblick geben und Zusammenhänge zu eventuellen vorherigen Vorträgen herstellen.

Hauptteil: Der Hauptteil ist Träger des zu vermittelnden Wissens. Hier gilt es, sich auf das Wichtigste zu konzentrieren und eine Auswahl zu treffen, was von dem erlesenen und erarbeiteten Wissen an die Zuhörer vermittelt werden soll. Durch Weglassen wird z. B. Platz geschaffen für Wegweiser, die jeweils den gerade stattfindenden Teil im Ablauf des Vortrages markieren und so den Zuhörern Orientierung bieten.

Schluss: Was zuletzt gesagt wird, wirkt am längsten nach. Der Schluss sollte eine Zusammenfassung des Hauptgedankens und eine „Taking-home-message" (Schlussfolgerung, Ausblick, Leitgedanken …) bieten.

d) Während des Vortrags
Ganz wichtig: Verständlich formulieren! Für die gesprochene Sprache gelten andere Regeln als für die geschriebene Sprache! So sollten die Sätze in Vorträgen kurz gehalten werden. Ein elegant verschachtelter Satz kann in einem Text gut klingen, in einem mündlichen Vortrag wird seine Wirkung verloren

gehen: Die Zuhörer müssen sich stark konzentrieren, um zu folgen, sie ermüden auf die Dauer und schalten schließlich ab. Mit Fremdwörtern und Abkürzungen sollte sparsam umgegangen werden, ebenso mit Zahlen und Statistiken.

Verhalten des Vortragenden: Es ist wichtig, Blickkontakt mit den Zuhörern zu halten. Zuhörer einzeln anschauen – zwischen zwei und zehn Sekunden, jedoch niemanden fixieren.

Keine Gesten vor dem Spiegel einstudieren. Kein Redner kann aus sich etwas anderes machen, als das, was er ist. Das Ziel sollte nicht sein, einem falschen Redner-Ideal nachzueifern, sondern die eigene Persönlichkeit zu zeigen. Hierzu ist es nötig, sich von verkrampften, klammernden Haltungen zu lösen und eine raumgreifende Körperhaltung einzunehmen.

Lautstärke: Die Lautstärke muss der Raumgröße angemessen sein. Alle Zuhörer sollen das Gesagte gut verstehen können. Eine zu laute Stimme ist aber unangenehm, zumal dann eine Steigerung zur Betonung wichtiger Passagen nicht mehr möglich ist.

Pausen: Bei Vorträgen ist das Sprechtempo häufig zu hoch. Pausen sind ein gutes Mittel, um

- wichtige Aussagen wirken zu lassen,
- zu gliedern, indem nach jedem Hauptgedanken eine Pause folgt,
- Luft zu holen und nachzudenken,
- sich zu sammeln und bei Aufregung ruhiger zu werden.

Umgang mit Pannen: Keine Panik – kleine Fehler sind menschlich und werden verziehen! Kleine Versprecher sollten einfach übergangen werden. Nicht entschuldigen oder den Fehler kommentieren, sondern einfach weiter sprechen. Dies gilt natürlich nicht bei sinnentstellenden Fehlern! Diese müssen sachlich richtiggestellt werden. Lange Entschuldigungen sind allerdings auch hier nicht nötig, sondern können sogar störend wirken.

Auch dem besten freien Redner kann es passieren, dass er mitten im Vortrag stecken bleibt oder ein „Blackout" hat und einfach nicht mehr weiß, mit was es weitergeht! In dieser Situation kann z. B. eine kurze Zwischenzusammenfassung des bisher Gesagten gegeben werden. Dies gibt Zeit zum Nachdenken und vielleicht kommt bei der Wiederholung die Erinnerung daran, wie es weitergeht, wieder. Wenn das nicht hilft, dann einfach eine kurze Pause ankündigen und die Zeit nutzen, um in Ruhe ins Manuskript zu schauen. Der wichtigste Tipp: Die ganze Sache nicht so ernst nehmen und auch mal über sich selbst lachen können!

Diskussion

Eine Diskussion bietet wie kaum eine andere Lernmethode den Teilnehmern die Gelegenheit, aktiv zu werden und sich mit anderen Teilnehmern auszutauschen und auseinanderzusetzen. In einer Diskussion können verschiedene Aspekte eines Sachverhaltes beleuchtet und andere Meinungen zu einem Thema kennengelernt werden. Die Teilnehmer können lernen, Argumente für ihre Meinungen und Standpunkte zu finden und diese angemessen zu vertreten – und fördern dadurch ihre Ausdrucksfähigkeit und das kritische Denken. Im besten Fall verbessern die Teilnehmer ihre Konsens- und Konfliktfähigkeit und üben sich darin, Kritik und Korrektur anzunehmen, ohne sich persönlich angegriffen zu fühlen. Dies alles sind starke Argumente für den Einsatz von Diskussionen in Trainings. Damit die Vorteile einer lebendigen, anregenden Diskussion aber auch zum Tragen kommen, gilt es für den Trainer, genau abzuwägen, unter welchen Rahmenbedingungen und zu welchem Thema eine Diskussion sinnvoll ist. Generell ist es natürlich schwierig, ein Thema zu diskutieren, zu dem bereits ein hoher Konsens herrscht. Aber auch wenn es sich um ein kontroverses Thema handelt, gilt es zunächst einmal abzuwägen, wie gut die Teilnehmer über das Thema informiert sind. Im Verlauf einer Diskussion Informationen zu vermitteln, dauert lange oder ist gar nicht möglich, sodass die Teilnehmer evtl. vor der Diskussion im Rahmen einer anderen Lernmethode erst einmal auf den gleichen Informationsstand gebracht werden sollten. Auf diese Weise kann auch eine mögliche Unzufriedenheit der Teilnehmer vermieden werden, die dadurch ausgelöst werden kann, dass die Teilnehmer lieber Expertenwissen hören würden, als sich in einer Diskussion mit anderen auseinanderzusetzen, die selbst auch nicht mehr wissen als sie selbst. Wird die Methode Diskussion zu oft eingesetzt, können die Teilnehmer unter der damit verbundenen Unruhe leiden.

Diskussionen sollten grundsätzlich von einem Moderator geleitet werden, der sich inhaltlich stark zurückhält, jedoch Verantwortung für den Prozess und das Einhalten der Regeln übernimmt. Wann sollte der Moderator intervenieren? Es ist wichtig, dass er den richtigen Zeitpunkt dafür findet. Wenn zu früh und zu oft vom Moderator interveniert wird, kann keiner lernen, sich selbst aus einer Sackgasse zu manövrieren. Dazu kommt das Risiko der Beeinflussung der Diskussion, sollte der Moderator seine eigene Meinung erkennen lassen. Wenn der Moderator zu spät interveniert, kann es allerdings zu Frustrationen bei den Teilnehmern kommen.

Der Moderator sollte feststellen und intervenieren, wenn

- eine Abschweifung zu viel Zeit einnimmt,
- die Pausen zwischen zwei Beiträgen zu groß werden,
- offensichtlich sachliche Fehler akzeptiert werden,
- schwerwiegende logische Fehlschlüsse unentdeckt bleiben,
- die Gruppe auf einen Einzelnen Druck ausübt und ihn zum Nachgeben zwingt.

Manchmal tritt besonders zu Beginn einer Diskussion Stille ein. Was sollte der Moderator tun, wenn alle schweigen? Zunächst einmal gilt: Abwarten. Manchmal dauert es einfach eine Weile, bis eine Diskussion richtig in Gang kommt. Äußert sich kein Teilnehmer, kann der Moderator nach dem Grund für das Schweigen fragen – oder selbst Vermutungen darüber anstellen, warum keiner etwas sagen will. Auf diese Weise kann er eventuelle Vorbehalte der Teilnehmer in Bezug auf die Diskussion erkennen und besprechen.

Hemmungen der Teilnehmer, sich zu äußern, treten stärker bei großen Gruppen auf. In diesem Fall kann der Moderator intervenieren, indem er die Gruppe in mehrere kleine Gruppen aufteilt, in denen eine Diskussion eher zustande kommt. Um erst einmal ein Meinungsbild der Gruppe zu bekommen, kann der Moderator die Teilnehmer auffordern, sich der Reihe nach zu äußern.

Metaplan-Technik

Die Metaplan-Technik ist vielfältig einsetzbar – unter anderem auch bei Vorträgen und Diskussionen. Im Folgenden werden verschiedene Methoden vorgestellt, mit denen eine Metaplan-Wand (Pinnwand) zur Visualisierung von Themen und Ideen genutzt werden kann.

a) Mindmap

- Ist geeignet zur (Vor-)Strukturierung komplexer Themengebiete,
- Erfasst die Ideen aller Teilnehmer und bildet logische Gedankenzusammenhänge übersichtlich ab,
- Anwendung: Ideenfindung, Vorstrukturierung von Themen, Planung von Aktivitäten (z. B. Referat), Erinnerungs-/Lernhilfe für komplexe Themen.

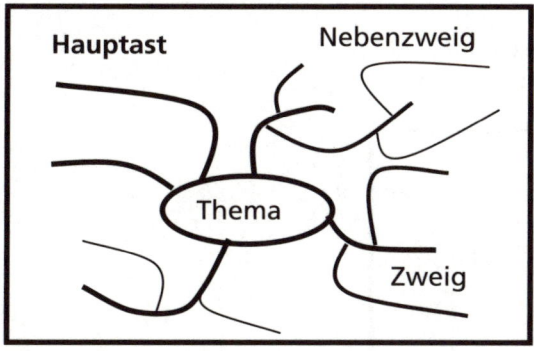

Abb. 4.1:
Aufbau einer Mindmap mit Haupt- und Nebenzweigen

b) Zwei-Felder-Tafel

- Metaplan-Wand in dichotome Felder aufteilen (z. B. gut/schlecht, Pro/Contra),
- Inhalte/wichtige Punkte auf Metaplan-Karten sammeln und einem Feld zuordnen (unterschiedliche Kartenfarben und -formen für die beiden Felder sind dabei hilfreich),
- Anwendung: zum Beispiel bei Entscheidungsfindungen.

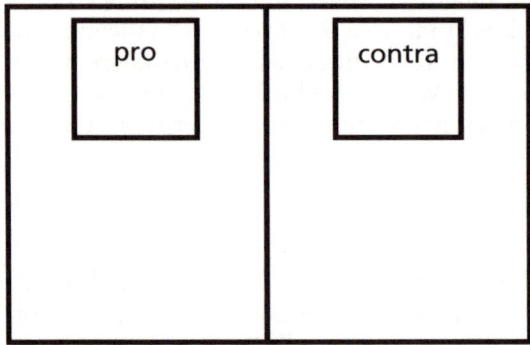

Abb. 4.2:
Zwei-Felder-Tafel

c) Tabelle

- Listenförmige Zusammenstellung von Datenmaterial/Fakten,
- Aufteilung in Spalten und Zeilen: max. drei Zeilen und ca. drei bis vier Spalten,
- Anwendung: für eine kurze Übersicht oder Strukturierung.

d) Prozessmodell

- Darstellung von Prozessphasen (z. B. Handlungsablauf, Ursache–Wirkung),
- Thematisierung einzelner Abschnitte,
- Anwendung: Abläufe sichtbar machen.

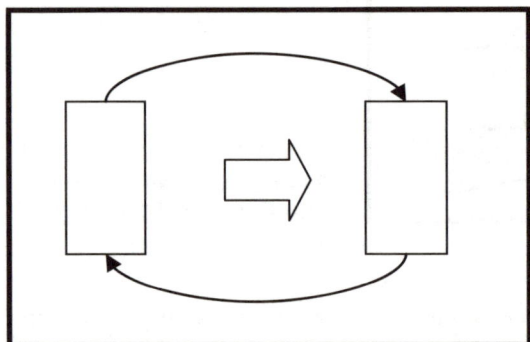

Abb. 4.3:
Prozessmodell

Neben verschiedenen Formen der Visualisierung bietet die Metaplan-Technik auch die Möglichkeit, Beiträge und Informationen zu ordnen und zu systematisieren. Dies kann z. B. mit einer Karten- oder Zuruffrage geschehen.

e) Kartenfrage

- Drei Phasen: Sammeln, Ordnen und Bewerten von Ideen.
- Die Teilnehmer notieren ihre Ideen auf Karten (eine pro Karte!) und pinnen sie ungeordnet an. Die Karten werden später gemeinsam unter Oberbe-

griffe gruppiert, im Anschluss können die Vorschläge diskutiert und bewertet werden.
- Anwendung: Zur Aktivierung des Vorwissens; Ideensammlung in Großgruppen.

f) Zuruffrage

- Der Schriftführer/Moderator notiert zugerufene Ideen der Teilnehmer sichtbar auf Kärtchen an der Metaplan-Wand und ergänzt eigene Beiträge.
- Nachteil: Ideen müssen schon beim Sammeln geordnet werden; Ergänzungen sind schwierig.
- Anwendung: Zum Festhalten von Diskussionsergebnissen; Ideensammlung in Großgruppen.

g) Punktabfrage

- An der Metaplan-Wand wird ein Plakat mit einem Koordinatensystem angebracht. Der Trainer kann frei wählen, was die Achsen des Koordinatensystems erfassen, z. B. Interesse und wahrgenommene Schwierigkeit des Inhalts.
- Die Teilnehmer erhalten jeweils einen Punkt, um sich selbst hinsichtlich der beiden Dimensionen in dem Koordinatensystem zu platzieren.
- Anwendung: Zur schnellen Erfassung der Meinung der Teilnehmer, z. B. bei der Bewertung einer Stunde.

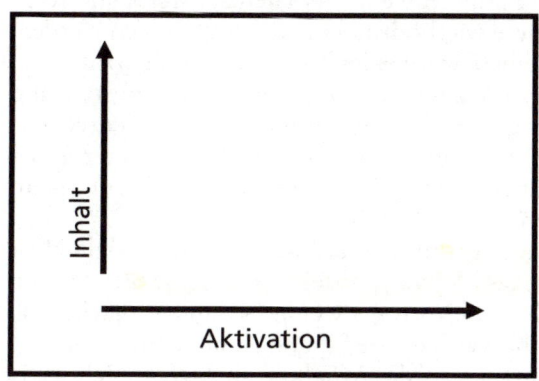

Abb. 4.4: Punktabfrage

Um die verschiedenen Möglichkeiten der Metaplan-Technik nutzen zu können, sollten außer einer Metaplan-Wand folgende Materialien zur Verfügung stehen: beschriebene oder leere Packpapier-Plakate (in der Größe der Pinnwand), Kärtchen in verschiedenen Formen und Farben, dicke Filzstifte, Klebeband, Stecknadeln, Klebestift etc.

Bei der Anwendung der Metaplan-Technik sind folgende allgemeine Prinzipien zu beachten:

- Plakate und Metaplan-Karten übersichtlich gestalten,
- Lesbarkeit: ordentlich und groß; Groß- und Kleinbuchstaben; Blockschrift,
- knappe Schlagwörter,
- pro Karte oder Feld nur ein Schlagwort/einen Stichpunkt aufschreiben,
- wichtige Punkte optisch hervorheben,
- verschiedene Inhalte deutlich voneinander trennen,
- gut sichtbaren Präsentationsort wählen,
- beim Präsentieren zum Publikum sprechen und Blickkontakt halten,
- seitlich neben der Metaplan-Wand stehen und mit der Hand auf die Karte deuten, über die gerade gesprochen wird.

4.1.2 Didaktische Analyse

Diese Trainingseinheit gliedert sich in drei Theorieblöcke und die dazugehörigen Übungen. Die Übungen sind so gewählt, dass die theoretischen Inhalte durch sie vertieft werden und sie auch als beispielhafte Anwendung für die jeweilige Theorie gelten können.

Zu Beginn der Stunde wird zur Aktivierung der Teilnehmer und als Einstieg in das Thema „Vortrag" eine Kartenabfrage gemacht. Die Teilnehmer sollen aufschreiben, welche Merkmale einen guten bzw. einen schlechten Vortrag kennzeichnen. Dies geschieht in Einzelarbeit, da diese Abfrage kurz und einfach durchzuführen ist. Mithilfe einer Metaplan-Wand werden die Ergebnisse zusammengetragen. Am Ende der Stunde, wenn das Thema „Metaplan-Technik" behandelt wird, wird auf diese Methode nochmals eingegangen werden, indem diese als ein Beispiel für eine Zwei-Felder-Tafel vorgestellt wird.

Es folgt ein kurzer Theorieblock zum Vortrag, der die wichtigsten und grundlegenden Merkmale eines guten Vortrags enthält. Dieses theoretische Wissen wird bewusst in Form eines Vortrags vermittelt, da dies unter anderem den Vorteil hat, dass die Teilnehmer dabei auch ein Beispiel für gut gestaltete Vortragsfolien kennenlernen.

Die anschließende Gruppenübung soll den Teilnehmern die Möglichkeit bieten, sich mit dem Einstieg eines Vortrags auseinanderzusetzen. Da man sich in der Regel um diesen Teil eines Vortrags wenig Gedanken macht, soll dies an dieser Stelle explizit geübt werden. Die Übung ist als Gruppenübung konzipiert und soll den Teilnehmern so die Möglichkeit bieten, sich aktiv auszutauschen.

Nach einem kurzen theoretischen Überblick über das Thema „Diskussion" führen die Teilnehmer selbst eine Diskussion in Kleingruppen durch. Ziel ist es, einen Eindruck davon zu gewinnen, wie eine Diskussion in einem Training genutzt werden kann. In der anschließenden Besprechung sollen die Teilnehmer ihre Erfahrungen austauschen und Lösungen für eventuell aufgetretene Probleme besprechen.

Auch der letzte inhaltliche Block beginnt mit einer kurzen theoretischen Einführung. Diese gestaltet sich aber im Gegensatz zu den beiden ersten Blöcken eher praktisch, d. h. die jeweilige Metaplan-Technik wird kurz erläutert, an einer vorbereiteten Metaplan-Wand gezeigt und es werden Beispiele zur Anwendung genannt. Um eine weitere konkrete Anwendung einer Metaplan-Technik kennenzulernen (zusätzlich zur Zwei-Felder-Tafel zu Beginn der Stunde), wird als letzte Übung eine Punktabfrage gemacht. Diese dient zum einen der inhaltlichen Vermittlung einer Metaplan-Technik und zum anderen zur Bewertung der Stunde. Die Teilnehmer können so anonym ihre Meinung ausdrücken. Dadurch erhalten die Trainer eine Rückmeldung, wie den Teilnehmern die Stunde gefallen hat.

4.2 Entscheidungsteil

4.2.1 Lernziele

Nach dem Training sollen die Teilnehmer folgende Kompetenzen erworben haben:

- Kenntnisse darüber haben, wie ein Vortrag gut gestaltet und aufgebaut wird,
- Wissen, wie ein Vortrag am besten präsentiert wird,
- die Vor- und Nachteile einer Diskussion kennen und wissen, wie die Methode „Diskussion" sinnvoll eingesetzt werden kann,
- verschiedene Metaplan-Techniken kennen und wissen, wann welche am besten angewendet wird.

4.2.2 Geplanter Verlauf

- Begrüßung der Teilnehmer und Vorstellung der Inhalte der Einheit
- Einstiegsfrage (Merkmale eines guten/schlechten Vortrages)
- Theorieblock I: Vortragstechnik
- Übung I: Der gute Einstieg (Gruppenarbeit)
- Pause
- Theorieblock II: Diskussion
- Übung II: Gruppendiskussion über ein für die Teilnehmer relevantes Thema und Besprechung der Diskussion
- Theorieblock III: Metaplan-Technik
- Abschlussübung: Punktabfrage
- Zusammenfassung der Stunde

4.2.3 Sequenzplan der Einheit „Vortrag, Diskussion und Metaplan-Technik"

Dauer [min]	Sequenz	Inhalt	Ziel	Sozialformen	Bemerkungen	Medien	Material
5	Begrüßung	Begrüßung der Teilnehmer; Vorstellung der Inhalte und des Sitzungsablaufs	Einstieg in die Trainingssitzung				
10	Einstiegsfrage	Die eine Hälfte der Gruppe schreibt Merkmale guter Vorträge auf Metaplan-Karten, die andere Hälfte Merkmale schlechter Vorträge, anschließend Zusammentragen der Ergebnisse durch die Trainer	Aktivierung der Teilnehmer	Einzelarbeit; anschließend Plenum	Am Ende Überleitung von den gesammelten Stichpunkten zum Theorieblock	Metaplan-Wand	Metaplan-Karten, Stifte
10	Theorieblock I: Vortragstechnik	Präsentation; nonverbale Kommunikation und Aufbau eines Vortrags: • Einleitung • Hauptteil und Schluss • Umgang mit Fehlern	Relevanz von Körpersprache, Mimik, Gestik und Äußerem verdeutlichen; Struktur der Einleitung vorstellen; gezieltes Planen und Strukturieren von Präsentationen, Vermeiden typischer Fehler; Aktivierung von Vorwissen	Vortrag		Power-Point-Präsentation	Laptop, Beamer

4.2 Entscheidungsteil

Dauer [min]	Sequenz	Inhalt	Ziel	Sozialformen	Bemerkungen	Medien	Material
13	Übung I: „Der gute Anfang"	Teilnehmer bilden Gruppen und erhalten Arbeitsblatt mit den verschiedenen Möglichkeiten eines guten Anfangs; zu einem Thema aus ihrem Bereich entwickeln sie selbst zwei gute Anfänge; am Schluss mündliches Zusammentragen	Auseinandersetzung mit dem Thema „Der gute Anfang" und Betonung seiner Wichtigkeit für einen guten Vortrag	Gruppenarbeit, anschließend Plenum			Arbeitsblätter
10	Theorieblock II: Diskussion	Anwendungsbereiche, Vor- und Nachteile, Rolle des Moderators		Vortrag		PowerPoint-Präsentation	Laptop, Beamer
8	Übung II: Diskussion	Gruppe in zwei Hälften teilen; jede Hälfte diskutiert ein für die Teilnehmer relevantes Thema; jede Gruppe hat einen Trainer als Moderator	Erfahrung der Methode als Teilnehmer	Gruppenarbeit	Sollte die Diskussion nur schleppend in Gang kommen, greift der Trainer als Moderator ein		Arbeitsblätter
5	Besprechung der Diskussion	Was ist den Teilnehmern aufgefallen? Was ist gut gelaufen, was schlecht?	Reflexion	Plenum			

4 Vortrag, Diskussion und Metaplan-Technik

Dauer [min]	Sequenz	Inhalt	Ziel	Sozialformen	Bemerkungen	Medien	Material
12	Theorieblock III: Metaplan	Vorstellen der Metaplan-Technik und Demonstration der Möglichkeiten	Anwendungsmöglichkeiten vermitteln	Vortrag	Bezug nehmen auf die Einstiegsübung (Pro & Contra)	PowerPoint-Präsentation, Metaplan-Wände	Laptop, Beamer, Kärtchen, Stecknadeln
5	Abschlussübung	Punktabfrage: Bewertung der Stunde nach Inhalt und Aktivation	Eine Metaplan-Technik kennenlernen und Bewertung der Stunde	Plenum	Anonyme Punktabfrage	Metaplan-Wand	Plakat, Punkte
2	Abschluss	Kurze Zusammenfassung	Abschluss der Stunde	Vortrag		PowerPoint-Präsentation	Laptop, Beamer

4.2.4 Beschreibung des Ablaufs

Nach einer kurzen Vorstellung der Inhalte dieser Trainingseinheit wird den Teilnehmern eine Einstiegsfrage gestellt, die zum Thema Vortragstechniken hinführen soll. Dabei wird die Gruppe in zwei Hälften geteilt. Die eine Hälfte erhält die Frage, welche Merkmale einen guten Vortrag kennzeichnen. Diese Merkmale sollen auf Metaplan-Kärtchen geschrieben werden. Die andere Hälfte erhält die Frage, welche Merkmale schlechte Vorträge kennzeichnen und soll diese Merkmale ebenfalls auf Metaplan-Kärtchen aufschreiben. Die Teilnehmer sollen dabei alleine arbeiten. Die Ergebnisse werden danach an einer Metaplan-Wand gesammelt und diskutiert. Diese Ergebnisse dienen als Überleitung zu dem ersten Theorieblock, in dem der Aufbau und die wichtigsten Kennzeichen guter Vorträge vermittelt werden. Zur weiteren Vertiefung in das Thema wird eine Gruppenübung durchgeführt, in der die Teilnehmer zu einem Thema aus ihrem Bereich zwei mögliche geeignete Einstiege in einen Vortrag finden sollen. Diese Übung wird in 3er- bis 4er-Gruppen durchgeführt. Anschließend stellt ein Teilnehmer aus jeder Gruppe die Ergebnisse im Plenum vor.

Nach einer Pause bekommen die Teilnehmer eine kurze theoretische Einführung in den zweiten Themenblock: Die Diskussion. Dargestellt werden insbesondere die Vor- und Nachteile von Diskussionen sowie die Rolle des Moderators. Im Anschluss daran wird die Gesamtgruppe in zwei Gruppen eingeteilt, und von denen wiederum jede in eine Pro- und eine Contra-Gruppe unterteilt. Zudem wird ein Moderator ausgewählt. Danach findet eine Diskussion zu einem Thema statt, welches für die Teilnehmer des Seminars von Interesse ist. Dieses Thema kann kurzfristig ausgewählt werden. Nach der Diskussion wird im Plenum noch einmal besprochen, was den Teilnehmern aufgefallen ist, und wie sie die Diskussion empfunden haben. Auch sollen die aufgefallenen Vor- und Nachteile von Diskussionen an dieser Stelle noch einmal besprochen und insbesondere darauf eingegangen werden, was in den Gruppen gut und was schlecht gelaufen ist.

Der anschließende dritte Theorieblock behandelt das Thema Metaplan-Technik. Den Teilnehmern werden sechs verschiedene Techniken zur Anwendung der Metaplan-Wand vorgestellt und parallel an der Metaplan-Wand vorgeführt und erläutert.

Als letzte Übung folgt eine Punktabfrage. Diese zählt ebenfalls zur Gruppe der Metaplan-Techniken. In dieser Übung können die Teilnehmer anonym ihre Meinung zu der Einheit – nach Inhalt und Aktivation – angeben.

Zum Abschluss erfolgt eine kurze Zusammenfassung der Einheit durch die Trainer.

4.3 Bewertung

Das Besondere dieser Einheit ist die direkte Verknüpfung des theoretischen Wissens mit der praktischen Anwendung der Methoden. Zudem wird den Teilnehmern ein kritisches Verständnis für die verschiedenen Methoden näher gebracht.

Wichtig ist, dass bei der Vorbereitung des Raumes darauf geachtet wird, dass die Übungen in sehr unterschiedlichen Gruppengrößen durchgeführt werden und genügend Raum und Flexibilität dafür zur Verfügung stehen. Es sollte alles vorbereitet sein, wenn die Teilnehmer den Raum betreten.

Diese Einheit beginnt sehr aktivierend, da die Teilnehmer gleich zu Beginn kritisch an das Thema Vortragstechnik herangeführt werden. Durch die Anknüpfung an die Erfahrungen der Teilnehmer mit Vorträgen wird Vorwissen aktiviert und das im Theorieblock I vermittelte Wissen kann in dieses implizite Wissen integriert werden.

Durch die Übung „Der gute Einstieg" lernen die Teilnehmer, wie wichtig es ist, die Zuhörer gleich von Anfang an für ein Thema zu interessieren. Die verschiedenen Ansätze sollten an dieser Stelle in Ruhe vorgestellt werden und die anderen Teilnehmer können eventuell auch noch sagen, ob sie dieser Einstieg fesseln und zum Zuhören bewegen würde.

Auch bei dem Thema Diskussion findet eine kritische Auseinandersetzung mit der Methode statt. Es wird nicht nur vermittelt, wie eine Gruppendiskussion durchgeführt werden kann, sondern es werden auch deren Vor- und Nachteile erarbeitet und diskutiert. Die Durchführung einer kontroversen Diskussion führt zudem zu einem tieferen Verständnis, wann die Methode sinnvoll einsetzbar ist und wann nicht. Wichtig ist allerdings, dass jede Gruppe in Ruhe ihre eigene Diskussion durchführen kann, ohne von der anderen Gruppe gestört zu werden. Diese Übung hängt ebenfalls von der aktiven Teilnahme der einzelnen Personen ab, denn nur so kann eine Diskussion in Gang kommen.

Der letzte Teil ist für die Teilnehmer eher passiv, denn sie beteiligen sich nicht aktiv an der Vorstellung der verschiedenen Metaplan-Techniken. Sollte in einer Einheit mehr Zeit zur Verfügung stehen, können die einzelnen Techniken auch in Gruppen erarbeitet werden. Die Punktabfrage als Abschlussübung stellt dagegen wieder eine aktive Beteiligung dar, bei der die Teilnehmer zudem ihre Meinung äußern können. Schön ist an dieser Übung, dass sie anonym durchgeführt wird und somit ein ehrliches Stimmungsbild eingefangen werden kann. Um dies auch wirklich zu gewährleisten, kann der Trainer kurz aus dem Raum gehen oder den Teilnehmern deutlich signalisieren, dass er nicht zuschauen wird.

Literatur

Abs, H. J. et al. (2000). *Besser Lehren. Praxisorientierte Anregungen und Hilfen für Lehrende in Hochschule und Weiterbildung* (2. Aufl.). AHW an der Albert-Ludwigs-Universität Freiburg i. Br. Weinheim: Deutscher Studien Verlag.

Gage, N. K. & Berliner, D. C. (1996). *Pädagogische Psychologie* (5. Aufl.). Weinheim: Psychologische Verlagsunion.

Franck, N. (2001). *Rhetorik für Wissenschaftler. Selbstbewusst auftreten, selbstsicher reden.* München: Franz Vahlen.

Pabst-Weinschenk, M. (1995). *Reden im Studium: Ein Trainingsprogramm.* Frankfurt a. M.: Cornelsen Scriptor.

Stary, J. (1997). *Visualisieren. Ein Studien- und Praxisbuch.* Berlin: Cornelsen.

Anhang: Vortrag, Diskussion und Metaplan-Technik

A 4.1 Handout

Diskussion

Vorteile der Diskussion:

- Interesse am Thema wird geweckt,
- verschiedene Aspekte eines Sachverhaltes können beleuchtet werden, andere Meinungen kennengelernt werden,
- Teilnehmer lernen, Argumente zu finden und ihre Meinungen und Standpunkte angemessen zu vertreten sowie Kritik und Korrektur anzunehmen, ohne sich persönlich angegriffen zu fühlen,
- fördert die Ausdrucksfähigkeit und das kritische Denken.

Nachteile der Diskussion:

- Die Vermittlung von Informationen dauert deutlich länger bzw. ist gar nicht möglich,
- schwierig anzuwenden in Bereichen, in denen hoher Konsens besteht,
- bei zu häufigem Einsatz könnten die Teilnehmer unter der Unruhe leiden,
- kann Unzufriedenheit auslösen, wenn die Teilnehmer lieber Expertenwissen hören würden, als sich mit anderen Teilnehmern auseinanderzusetzen, die selbst nicht mehr wissen.

Wann sollte der Moderator intervenieren?

Es ist wichtig, dass der Moderator den richtigen Zeitpunkt für eine Intervention findet. Wenn zu früh und zu oft vom Moderator interveniert wird, kann keiner lernen, sich selbst aus der Sackgasse zu manövrieren. Interveniert er zu spät, kann es zu Frustrationen bei den Teilnehmern kommen.
Der Moderator sollte feststellen, ob:

- eine Abschweifung zu viel Zeit einnimmt,
- die Pausen zwischen zwei Beiträgen zu groß werden,
- offensichtliche sachliche Fehler akzeptiert werden,
- schwerwiegende logische Fehlschlüsse unentdeckt bleiben,
- die Gruppe auf einen Einzelnen Druck ausübt und ihn zum Nachgeben zwingt.

Was sollte der Moderator tun, wenn alle schweigen?

- Abwarten,
- nach dem Grund für das Schweigen fragen,
- Vermutungen über die Gründe für das Schweigen anstellen,
- die Gruppe in mehrere kleinere Gruppen aufteilen,
- die Teilnehmer auffordern, sich der Reihe nach zu äußern.

A 4.2 Instruktionen zur Übung „Der gute Anfang"

Sie sollen einen Vortrag halten, in dem Sie das Thema XX[1] darstellen.

Ihre Aufgabe: Interesse wecken

Zeit: 4 min.
Halten Sie auf einer Karteikarte fest, wie Sie die Aufmerksamkeit Ihres Publikums wecken wollen, und formulieren Sie zwei Möglichkeiten, wie Sie anfangen möchten.

Möglichkeiten

a) Originelles Zitat oder Motto
„Mit dem Geist ist es wie mit dem Magen: Man kann ihm nur Dinge zumuten, die er verdauen kann." (Winston Churchill)

b) Beschreibung, die zum Problem hinführt
Die Pisa-Studie hat Defizite im bundesdeutschen Bildungssystem aufgedeckt. Doch wie sehen diese Defizite im Ländervergleich aus? Dieser Frage ...

c) Provokante Frage oder These
Frauen in der Berufswelt sollten besonders gefördert werden!

d) Widersprüchliche Aussage
Wir wissen immer mehr und werden immer dümmer.

e) Kurzer Erfahrungsbericht, der zum Thema hinführt
Statistiken zeigen, dass immer mehr Menschen in Deutschland in eine Alkoholabhängigkeit geraten. Jetzt bieten die Krankenkassen potentiell gefährdeten Menschen eine Gesprächsgruppe an, um ihre Trinkgewohnheiten zu verändern. Was passiert in diesen Gruppen?

f) Pointe (die sitzen muss!)
Eine fliegende Untertasse ist zwar heute nicht auf dem Dach unserer Hochschule gelandet, aber ...

g) Aktuelles Ereignis, das zum Thema passt
Im Rahmen der Bundestagswahl fand in Hessen eine Volksabstimmung über die Aufnahme des Sports in die Verfassung des Landes Hessen statt. Welche Bedeutung hat dies für den Landessportbund Hessen?

---

[1] Hier ein für die Teilnehmer aktuelles und interessantes Thema auswählen.

h) Allegorie
Den Wettlauf mit dem Hasen haben die Igel gewonnen. Ein entscheidendes Rennen könnten sie allerdings verlieren – befürchten die Naturschützer.

Präsentation

Zeit: 2 min.
Ein Gruppenmitglied stellt die Ergebnisse vor.

5 Spiele und Rollenspiele

Diese fünfte Einheit behandelt die Themen Spiele und Rollenspiele. Spiele können auch als alternative Lehrmethode eingesetzt werden; in Kapitel 3 (Alternative Lehr- und Lernmethoden) wurden die Spiele kurz vorgestellt und es wurde auch der Lernwettbewerb angesprochen. Dieser ist nur eine Möglichkeit, ein Spiel einzusetzen: Spiele können auch zur Konzentrationsförderung, Entspannung, Gruppenbildung usw. verwendet werden.

Auch die Rollenspiele wurden bereits bei den alternativen Lehr- und Lernmethoden angesprochen, werden aber aufgrund ihrer Wichtigkeit hier noch einmal ausführlich behandelt. Das Potential von Rollenspielen kann insbesondere zum Erwerb von Fertigkeiten genutzt werden. Durch Rollenspiele kann Verhalten geformt und gefestigt werden.

5.1 Analytischer Teil

5.1.1 Sachanalyse

Spiele

Spiele können in Trainings ganz unterschiedliche Funktionen übernehmen. Sie sind eine großartige Möglichkeit, Wissen spielerisch zu lernen, die Konzentration zu fördern und Kraft zu tanken. Spiele können die Teilnehmer eines Seminars aber auch mit ihren Einstellungen konfrontieren sowie dazu genutzt werden, soziales Verhalten zu erfassen. Spiele können in Trainings daher sehr vielfältig eingesetzt werden. Wichtig ist aber der vorsichtige Umgang mit Spielen. Sie sollten der Situation und der Gruppe angemessen sein. Für das Spielen müssen zudem gute Voraussetzungen geschaffen werden. Wichtig sind eine angenehme Atmosphäre, Vorlagen, Spielregeln und vorherige Planung.

Hilfreich, ==um Spielhemmungen oder Ängste einzudämmen==, sind folgende Regeln (Wallenwein, 1999, S. 14):

- Es gibt keine fremden Zuschauer,
- die Gruppe ist ungestört,
- der Seminarleiter spielt so oft es geht mit,
- einfache Spiele und bekannte Spiele schaffen Sicherheit, also vom vertrauten zum ungewohnten Spiel,
- die Spielregeln sollten klar und einfach sein,
- der Raum hat Atmosphäre,
- bei vielen Spielen unterstützt Musik,

- bei vielen Spielen ist es wichtig, anschließend in der Gruppe die gemachten Erfahrungen auszutauschen.

Spiele können ihrer Art nach in folgende Klassen unterschieden werden:
- Kennlernspiele
- Bewegungsspiele
- Aktivierungsspiele
- Lernspiele
- Kreativspiele
- Konzentrationsspiele
- Entspannungs-/Imaginationsspiele
- Kommunikationsspiele
- Integrationsspiele
- Verabschiedungsspiele

Insbesondere die Entspannungs- und Imaginationsspiele nehmen in Trainings eine wichtige Rolle ein, denn sie fördern die Vorstellungskraft und die Sinneswahrnehmung und entspannen gleichzeitig. Dadurch wird eine ganzheitliche Wahrnehmung erreicht. Zudem kann durch sie auch die Konzentration gesteigert und Stress abgebaut werden. Mentales Vorstellen kann z. B. ganz gezielt, wie in Kapitel 3 schon vorgestellt, dazu dienen, prozedurale Fertigkeiten zu verinnerlichen.

Entspannungs- und Imaginationsverfahren können also in einer Vielfalt von Situationen sinnvoll eingesetzt werden.

Rollenspiele

a) Vorteile des Rollenspiels
- Aufmerksamkeit für das Thema wird geweckt,
- regt die emotionale Beteiligung an,
- wirkt motivierend und aktivierend,
- bietet die Möglichkeit, Situationen zu erleben und Verhalten zu üben,
- bietet die Möglichkeit, Gelerntes zu wiederholen,
- erleichtert es, sich in andere hineinzuversetzen (indem unterschiedliche oder ungewohnte Perspektiven eingenommen werden),
- alle Teilnehmer können involviert werden,
- verschiedene Handlungsmöglichkeiten können verglichen werden,
- es kann eine differenzierte Argumentation geübt werden.

b) Nachteile des Rollenspiels
- Kann bei den Teilnehmern Angst auslösen,
- sollte nur eingesetzt werden, wenn sich die Teilnehmer schon etwas kennen,
- es kommt nicht immer zu einem Lerneffekt; theoretische Information kann nicht vermittelt werden,

- zeitaufwendig,
- es ist nicht immer möglich, alle zu beteiligen,
- Trainer kann auf Widerstand bei den Teilnehmern stoßen, vor allem wenn es sich um sehr passive Teilnehmer handelt.

Rollenspiele können unter anderem danach unterschieden werden, welche Instruktionen zur Durchführung vorgegeben werden. Mit **Scripting** wird das Entwickeln von Rollen und Situationen bezeichnet, in denen das Geschehen stattfindet.

1. *Improvisation*: Ein grobes Szenario wird gegeben und Details werden von den Teilnehmern während des Spiels entwickelt.
2. *Vorgeschriebene Rolle*: Das Szenario, Details und das Verhalten werden vorgegeben.
3. *Eingeschränkt vorgeschriebene Rolle*: Die Situation und der Charakter der Person werden vorgegeben, es wird aber nicht gesagt, wie die Person in der Situation handelt.
4. *Darstellen eigener Erfahrung*: Die Teilnehmer werden aufgefordert, eine tatsächlich erlebte Situation darzustellen.
5. *Rollenspiel, das in Gruppen vorbereitet wird*: Es wird dazu aufgefordert, zu einem Thema aus dem Erfahrungsbereich der Teilnehmer ein Rollenspiel zu entwickeln.

Unabhängig vom Inhalt gibt es verschiedene Möglichkeiten, ein Rollenspiel durchzuführen. Beim sogenannten **Staging** werden die folgenden Rollenspielformate unterschieden.

1. *Informelles Rollenspiel*: Das Rollenspiel verläuft in Form einer Diskussion, alle Teilnehmer bleiben an ihren Plätzen sitzen, was auch zur Reduktion der Angst während des Spiels führt.
2. *Frontales Rollenspiel*: Zwei, drei oder mehrere Teilnehmer gehen nach vorne, die Situation wird geschildert und jeder bekommt seine Rolle. Diese Form des Rollenspiels ist mit der meisten Angst verbunden.
3. *Gleichzeitiges Rollenspiel*: Alle Teilnehmer werden in Zweier- oder Dreiergruppen eingeteilt. Jede dieser Kleingruppen bekommt das gleiche Rollenspiel und in der Gruppe wird gespielt. Für den Trainer ist es bei dieser Form des Rollenspiels schwierig, die Teilnehmer zu beobachten.
4. *Rotierendes Rollenspiel*: Spielende Teilnehmer können rotiert werden, meist durch eine Unterbrechung des Trainers, und das Rollenspiel wird mit anderen Teilnehmern fortgesetzt.
5. *Abwechseln der Darsteller*: Mehrere Teilnehmer können rekrutiert werden. So ergibt sich die Möglichkeit zu sehen, wie eine Rolle evtl. sehr unterschiedlich gespielt wird.

5.1.2 Didaktische Analyse

Da sich diese Trainingseinheit mit dem Themenblock Spiele und Rollenspiele beschäftigt, bietet es sich an, die Einheit sehr praktisch zu gestalten. Die beiden Theorieteile sind daher bewusst sehr knapp gehalten und sollen den Teilnehmern nur einen kurzen theoretischen Überblick über die Inhalte vermitteln.

Bei den Spielen lernen die Teilnehmer während der Trainingseinheit vier verschiedene Spiele kennen, indem sie diese selbst durchführen. Die Spiele sind dabei der jeweiligen Trainingsphase thematisch zugehörig. Da die Teilnehmer sich schon seit vier Trainingseinheiten kennen, sollte die Durchführung der Spiele keine Probleme bereiten. Die Spiele sind zudem so ausgewählt, dass für die Teilnehmer nur wenige unangenehme Momente entstehen. Dennoch sollte nach jedem Spiel eine kurze Diskussion über die Meinungen der Teilnehmer zu dem jeweiligen Spiel stattfinden. Dies ist insbesondere bei dieser Einheit von großer Bedeutung, da Spiele von einigen Teilnehmern als sehr unangenehm empfunden werden.

Zum Thema Rollenspiele wird eine Übung durchgeführt, welche die Vor- und Nachteile dieser Methode erarbeitet. Ein Rollenspiel folgt an dieser Stelle nicht, sondern erst in der nächsten Trainingseinheit. Da sich insbesondere Fertigkeiten mit Rollenspielen gut erlernen und festigen lassen, wird diese Methode dann angewendet und geübt, wenn Fertigkeiten vermittelt werden sollen.

Das Training beginnt mit einem „Aktivierungsspiel". Dieses Spiel soll den Nutzen einer Aktivierung zu Beginn eines Trainings verdeutlichen und auch die Angst vor Spielen abbauen. Durch die Bewegung im Raum werden die Teilnehmer aktiviert und es entsteht eine angstfreie, gelöste Atmosphäre.

Nachdem die Teilnehmer dann einen kurzen theoretischen Überblick über den Nutzen und die Anwendung von Spielen erhalten haben, folgt ein Kommunikations- und Kreativitätsspiel. Dieses soll den Teilnehmern vermitteln, wie stark die nonverbale Kommunikation sein kann. Die Kenntnisse über den Anteil des nonverbalen an der Kommunikation lassen sich viel leichter über ein Spiel vermitteln als in theoretischer Form.

Nach einer kurzen Pause sinkt meist die Konzentration der Teilnehmer und es dauert eine Weile, bis alle wieder aufmerksam dem Geschehen folgen. Aus diesem Grund lernen die Teilnehmer nach der Pause ein Konzentrationsspiel kennen. Es wird danach über den Nutzen diskutiert und jeder darf von seinen Erfahrungen berichten.

Es folgt ein kurzer Theorieteil zum Themenblock „Rollenspiele". Anschließend erarbeiten die Teilnehmer in Kleingruppen die Vor- und Nachteile von Rollenspielen, wann diese am besten eingesetzt werden und wann nicht. Dies soll die Sensibilität für das Thema Rollenspiele erhöhen. Die Ergebnisse der Kleingruppenarbeiten werden mithilfe von Plakaten im Plenum vorgestellt.

Zum Abschluss des Trainings lernen die Teilnehmer noch eine Phantasiereise kennen. Diese Übung soll eine Entspannung der Teilnehmer herbeiführen und so das Trainingsende einläuten.

Es folgt eine kurze inhaltliche Zusammenfassung der Einheit, um den Teilnehmern noch einmal einen Überblick über das Gelernte zu geben. Im nachfolgenden Blitzlicht kann jeder Teilnehmer sagen, wie ihm die Trainingseinheit gefallen hat, was er gut oder schlecht fand.

5.2 Entscheidungsteil

5.2.1 Lernziele

Nach dem Training sollen die Teilnehmer folgende Kompetenzen erworben haben:

- Den Nutzen von Spielen erkannt haben,
- verschiedene Anwendungsfelder von Spielen kennengelernt haben,
- die verschiedenen Möglichkeiten, Rollenspiele durchzuführen, kennen,
- die Vor- und Nachteile von Rollenspielen benennen können.

5.2.2 Geplanter Verlauf

- Begrüßung und Aktivierungsspiel „Do It"
- Vorstellung der Inhalte der Trainingseinheit
- Theorieblock I: Spiele
- Kommunikations- und Kreativitätsspiel „Parkbank"
- Pause
- Konzentrationsspiel „Bewusstes Atmen"
- Theorieblock II: Rollenspiel
- Übung I: Kleingruppenarbeit zum Thema Rollenspiele
- Phantasiereise
- Abschluss (Zusammenfassung der Trainingsinhalte und Blitzlicht)

5 Spiele und Rollenspiele

5.2.3 Sequenzplan der Einheit „Spiele und Rollenspiele"

Dauer [min]	Sequenz	Inhalt	Ziel	Sozialformen	Bemerkungen	Medien	Material
15	Begrüßung	Begrüßung der Teilnehmer, Aktivierungsspiel „Do It"	Einstieg in die Trainingssitzung, Aktivierung, Demonstration eines Spiels	Plenum		CD-Player	flotte Musik
3	Ablauf der Einheit	Vorstellung der Inhalte der Einheit und des Sitzungsablaufs	Teilnehmer über den Inhalt der Stunde informieren	Vortrag		Flipchart	Flipchart, Wand und Papier
12	Theorieblock I: Spiele	Zu welchem Zweck gibt es Spiele? Was für Spiele gibt es (verschiedene vorstellen)? Wann werden Spiele genutzt, wann nicht?	Den Nutzen von Spielen hervorheben; Spiele kennenlernen, wissen, wann Spiele angewendet werden	Vortrag		Power-Point-Präsentation	Beamer, Laptop
15	Kommunikations- und Kreativitätsspiel „Parkbank"	Spiel zur nonverbalen Kommunikation (Beschreibung s. Ablaufplan), anschließend kurze Diskussion über die entstandenen Eindrücke und was mit dem Spiel bezweckt werden soll	Erkennen, wie ausdrucksstark Gesten sind; Spaß beim Spielen ☺	Plenum			drei Stühle
5	Pause						

5.2 Entscheidungsteil

Dauer [min]	Sequenz	Inhalt	Ziel	Sozialformen	Bemerkungen	Medien	Material
5	Konzentrationsspiel „Bewusstes Atmen"	Spiel zur Aktivierung nach der Pause; Körperübung zur Konzentrationsförderung	Konzentration, Energiezuwachs, Entspannung	Plenum			Instruktion für den Trainer
10	Theorieblock II: Rollenspiel	Welche Formen gibt es (Scripting, Staging), wann werden sie angewendet?	Grundkenntnisse über Rollenspiele erwerben	Vortrag		PowerPoint-Präsentation	Beamer, Laptop
15	Übung zum Rollenspiel	In Kleingruppen (vier Gruppen) Vor- und Nachteile erarbeiten und wann es sinnvoll ist/wann nicht, mit Rollenspielen zu arbeiten; Zusammentragen der Ergebnisse im Plenum und anschließende Diskussion	Teilnehmer machen sich Gedanken, in welchem Kontext Rollenspiele sinnvoll sind und wann nicht	Kleingruppen, anschließend Plenum		Metaplan-Wand	Plakate für die einzelnen Gruppen, Stifte, Metaplan-Wand, Pins
5	Spiel „Phantasiereise"	Entspannungsübung	Eine weitere Spielform kennenlernen; Teilnehmer können nach einem anstrengenden Training entspannen	Plenum			Instruktion für den Trainer
5	Abschluss	Kurze Zusammenfassung der Inhalte, Blitzlicht	Teilnehmer können kurz los werden, wie ihnen das Training gefallen hat	Plenum			Flipchart, Papier

5.2.4 Beschreibung des Ablaufs

Nach einer kurzen Begrüßung der Teilnehmer durch den Trainer wird das Aktivierungsspiel „Do It" durchgeführt. Bei diesem Spiel bewegen sich die Teilnehmer zu Musik durch den Raum. Nach zwei Minuten stellt der Trainer die Musik aus und erteilt Kommandos wie z. B. „so schnell wie möglich so viele Hände schütteln, wie in dieser Zeit zu fassen sind" oder „ganz schnell in alle vier Ecken des Raumes laufen und sie mit einer Hand abklatschen" (s. Anhang A 5.1). Durch die Bewegung werden die Teilnehmer aktiviert und es entsteht eine angstfreie, gelöste Atmosphäre.

Anschließend werden die Inhalte der Trainingsstunde anhand eines Ablaufplans erläutert. Danach folgt ein kurzer theoretischer Teil, in dem den Teilnehmern der Nutzen und die Anwendungsfelder, aber auch die Schwierigkeiten von Spielen beigebracht werden.

Diesem Theorieblock folgt ein weiteres Spiel, welches in die Kategorie „Kommunikations- und Kreativitätsspiele" gehört (s. Anhang A 5.2). In die Mitte des Raumes werden dabei nebeneinander drei Stühle gestellt, auf die sich drei Teilnehmer setzen. Die restlichen Teilnehmer stellen sich in einer Reihe an einem Ende der Stuhlreihe an. Der Teilnehmer auf einem der äußeren Stühle soll nun in einer Phantasiesprache zu dem Teilnehmer auf dem anderen äußeren Stuhl sprechen. Er darf dabei gerne auch mit Gesten arbeiten. Der Teilnehmer auf dem Stuhl in der Mitte muss das Gesagte übersetzen. Seiner Phantasie sind dabei keine Grenzen gesetzt. Nachdem der andere geantwortet hat und dies auch übersetzt wurde, rücken die Teilnehmer einen Platz weiter und derjenige, der in der Mitte saß, sitzt jetzt an einer Außenseite. Ein neuer Teilnehmer rückt nach. Dies wird wiederholt, bis alle Teilnehmer an der Reihe waren. Danach folgt eine kurze Diskussion über den Sinn dieses Spiels. Den Teilnehmern soll mit diesem Spiel deutlich werden, wie ausdrucksstark nonverbale Anteile in der Kommunikation sind. Sie erlauben Rückschlüsse auf den Inhalt des Gesagten, sogar wenn vom verbalen Anteil nichts verstanden werden kann.

Nach einer kurzen Pause lernen die Teilnehmer das Konzentrationsspiel „Bewusstes Atmen" kennen (s. Anhang A 5.3). Die Teilnehmer schließen dabei die Augen und erhalten Anweisungen, wie sie atmen sollen. Durch die bewusste Atmung wird eine Entspannung herbeigeführt und die Konzentration gesteigert.

Danach erhalten die Teilnehmer eine theoretische Einführung in den Themenblock „Rollenspiele". Ihnen werden dabei insbesondere die verschiedenen Formen des Rollenspiels erläutert.

Im Abschluss an diesen Theorieteil folgt eine Kleingruppenübung. Die Teilnehmer sollen in Gruppen erarbeiten, welche Vor- und Nachteile Rollenspiele haben und sich überlegen, wann sie Rollenspiele anwenden würden und wann nicht. Die Ergebnisse werden auf Metaplan-Karten geschrieben und an der Metaplan-Wand gesammelt und diskutiert.

Bevor die Trainingseinheit zum Abschluss kommt, lernen die Teilnehmer noch ein Entspannungsverfahren kennen – die Phantasiereise (s. Anhang A

5.4). Bei dieser erzählt ihnen der Trainer eine Phantasiegeschichte, die sich die Teilnehmer mit geschlossenen Augen vorstellen sollen. So werden Ruhe und Entspannung erreicht.

Es folgt eine kurze Zusammenfassung der Traininginhalte und ein kurzes Blitzlicht, wie den Teilnehmern die Einheit gefallen hat.

5.3 Bewertung

Das Besondere dieser Trainingseinheit ist die Vorstellung mehrerer Spiele, die in verschiedenen Trainings immer wieder zum Einsatz kommen können. In der Konzeption wurde darauf geachtet, dass die Spiele sehr allgemein gehalten sind und so in vielen Bereichen eingesetzt werden können.

Da die Teilnehmer während dieser Trainingseinheit viel spielen, ist sie insgesamt sehr aktivierend und wenig theorielastig gestaltet. Insbesondere wenn mehrere Einheiten kurz hintereinander abgehalten werden, dient diese fünfte Einheit als Auflockerung. Durch die Diskussionen über die jeweiligen Spiele und die Übung wird zudem eine kritische Auseinandersetzung mit den Inhalten gefördert und jeder Teilnehmer lernt für sich selbst zu entscheiden, wann er Spiele oder Rollenspiele wie anwenden möchte und womit er sich wohl fühlt.

Wichtig ist es auch, in dieser Einheit auf die Räumlichkeiten zu achten, denn sowohl für das Bewegungsspiel als auch für das Kreativitätsspiel sollte ausreichend Platz vorhanden sein.

Anstelle der Übung zu den Vor- und Nachteilen von Rollenspielen kann alternativ ein Rollenspiel durchgeführt werden. Dies würde auch einen intensiveren Eindruck von dem Bereich „Rollenspiel" hinterlassen und den Teilnehmern passend zur Theorie einen Eindruck vermitteln, wie Rollenspiele wirken.

Weitere Phantasiereisen finden sich bei Müller (2000) *„Du spürst unter deinen Füßen das Gras"* und bei Streit-Gallo (2002) *„Komm mit ins Land der Träume: Meditations- und Phantasiereisen für Kinder"*. Bei Wallenwein (1999) *„Spiele. Der Punkt auf dem i – Kreative Übungen zum Lernen mit Spaß"* finden sich Spiele jeglicher Art und zu jeder Gelegenheit.

Literatur

Abs, H. J. et al. (2000). *Besser Lehren. Praxisorientierte Anregungen und Hilfen für Lehrende in Hochschule und Weiterbildung* (2. Aufl.). AHW an der Albert-Ludwigs-Universität Freiburg i. Br. Weinheim: Deutscher Studien Verlag.

Gage, N. K. & Berliner, D. C. (1996). *Pädagogische Psychologie* (5. Aufl.). Weinheim: Psychologische Verlagsunion.

Silberman, M. (1998). *Active training: A handbook of techniques, designs, case examples and tips (2.ed.)*. New York: Macmillan, Inc.

Streit-Gallo, H. (2002). *Komm mit ins Land der Träume: Meditations- und Phantasiereisen für Kinder*. Alternstadt: Grasmück.

Wallenwein, G. F. (1999). *Spiele. Der Punkt auf dem i – Kreative Übungen zum Lernen mit Spaß*. Weinheim: Beltz.

Anhang: Spiele und Rollenspiele

A 5.1   Spiel „Do It" (Instruktionen für den Trainer)

„Do It" (Wallenwein, 1999) ist ein Bewegungs- und Lockerungsspiel für die ganze Gruppe. Es dauert etwa 15 Minuten. Ziele sind die Bewegung und der Angstabbau zu Beginn eines Seminars. Der Phantasie sind keine Grenzen gesetzt. Je lustiger und schneller das Spiel wird, desto schneller wird die Angst der Teilnehmer verschwinden und die Vertrautheit wachsen.

Und so geht's: Zur Musik bewegen sich alle Mitspieler durch den Raum. Nach etwa zwei Minuten stellt der Trainer die Musik ab, dann gibt es ein Kommando, z. B.:

- So schnell wie möglich so viele Hände schütteln, wie in dieser Zeit zu fassen sind!
- Schnell in alle vier Ecken des Raumes laufen und sie mit einer Hand abklatschen!
- So vielen Mitspielern wie möglich einen leichten Klaps auf die Schulter geben!
- Sich schnell auf den Boden legen und erst wieder weiterlaufen, wenn die Musik weiter spielt!
- Mit einem Partner weiter tanzen!
- Auf einem Bein im Rhythmus hüpfen!
- usw.

A 5.2   Spiel „Parkbank" (Instruktionen für den Trainer)

Bei diesem Spiel müssen drei Stühle in der Mitte des Raumes aufgestellt werden. Drei Teilnehmer werden gebeten, sich auf die drei Stühle zu setzen. Die anderen Teilnehmer stellen sich in einer Reihe an einer Seite der Stuhlreihe auf.

Nun werden die beiden Teilnehmer, die auf den äußeren Stühlen sitzen, aufgefordert, miteinander in einer Phantasiesprache zu reden. Der Phantasie sind dabei keine Grenzen gesetzt. Es darf auch gerne gestikuliert werden. Der Teilnehmer in der Mitte muss übersetzen, was die beiden Äußeren gemeint haben könnten. Nach einer Sequenz rückt jeder einen Stuhl weiter, d. h. der Erste in der Reihe rückt auf einen Stuhl nach. Das Spiel wird so lange gespielt, bis jeder auf jedem Stuhl gesessen hat.

A 5.3   „Bewusstes Atmen" (Instruktionen für den Trainer)

Das Spiel ist eine Konzentrationsübung für die ganze Gruppe. Es dient der Entspannung, der Konzentration und dem Energiezuwachs. Das Spiel dauert fünf Minuten. Bevor es losgeht, sollte Ruhe in die Gruppe einkehren. Jeder

Teilnehmer sollte bequem sitzen und sich während des Spiels auf sich selbst konzentrieren.

Der Trainer liest dann langsam Folgendes vor:

Atmen Sie immer durch die Nase ein. Weiten Sie zuerst den Bauch. Atmen Sie tief in den Bauch. Füllen Sie die Lunge, atmen Sie bis in die Lungenspitzen, weiten Sie den Brustkorb.

Atmen Sie sechs Sekunden ein – halten Sie die Luft drei Sekunden an – atmen Sie sechs Sekunden wieder aus.

A 5.4 „Phantasiereise" (Instruktionen für den Trainer)

Setz dich ganz entspannt hin. Schließe deine Augen und atme tief ein und aus. Verfolge deinen Atem. Fühle, wie er sanft durch deine Nase einfließt und wieder durch sie entweicht. Spüre, wie du mit jedem Atemzug ruhiger wirst. Du fühlst, wie sich beim Atmen dein Brustkorb hebt und senkt. Während du ganz ruhig und gleichmäßig atmest, beginnst du dich zu entspannen.

Entspanne nun auch deinen Körper. Dies geht ganz einfach, indem du deine Gedanken zu den einzelnen Körperteilen hinlenkst. Beginne mit deinen Füßen. Fühle deine Füße, wie sie ruhig daliegen. Spüre, wie sie warm werden. Dann lenke deine Aufmerksamkeit auf deine Beine. Ruhig und schwer fühlen sie sich an. Auch sie sind angenehm warm. Entspanne nun deinen Po und Bauch einfach, indem du daran denkst. In allen Körperbereichen, die du entspannst, fühlst du angenehme Wärme. Nun entspanne deinen Rücken und deine Schultern. Mit dem nächsten Atemzug lockern sich die Muskeln deiner Brust. Auch deine Arme und Hände entspannen sich. Dein Kopf entspannt sich und mit ihm jeder deiner Gesichtsmuskeln. Es ist, als ob ein Lächeln auf deinem Gesicht liegt.

Dein ganzer Körper ist nun entspannt. Alle deine Muskeln, von den Fußsohlen bis zur Kopfhaut, sind locker und warm. Du fühlst dich ruhig und zufrieden und atmest weiter ruhig und gleichmäßig.

Jetzt entspannst du deine Gedanken. Lasse sie ziehen wie Wolken am blauen Himmel. Stell dir vor, jeder deiner Gedanken sei eine kleine weiße Wolke, die der Wind sanft davontreibt. Sie ziehen immer weiter. Sie werden immer schwächer, bis sie sich in der Ferne ganz auflösen. Dein Kopf ist ganz klar, so wie der blaue Himmel über dir.

Du bist nun völlig entspannt, fühlst dich glücklich und geborgen. Jetzt kannst du mit deiner Phantasie auf Reisen gehen.

Stell dir vor, dass heute ein herrlich warmer Sommertag ist. Du sitzt an einem Strand am Meer im warmen Sand. Die Sonne streichelt deine Haut. Über dir fliegen einige weiße Möwen. Du schaust ihnen zu, wie sie durch die laue Luft gleiten und sich plötzlich kreischend auf ein Stück Brot stürzen, das ihnen jemand zuwirft.

Du blickst auf die großen Sanddünen, die der Wind im Laufe vieler Jahre zusammengetragen hat, siehst das Dünengras, das tapfer Wind und Wetter standhält.

Du fühlst dich ruhig und entspannt, während du das Rauschen des Meeres und das sanfte Klatschen der Wellen hörst, wenn sie den Strand erreichen. Du wirst immer ruhiger.

Nach einer Weile entschließt du dich, aufzustehen und dem Meer entgegen zu gehen. Du stehst nun an seinem Ufer, schaust einer Welle zu, die über den Sand rollt und deine Füße umspült. Du genießt das erfrischende Wasser auf deiner Haut und entschließt dich, weiter ins Meer hineinzugehen. Mit jedem Schritt steigt das Wasser an deinem Körper höher. Es erreicht deine Knie. Es benetzt deinen Bauch und schon bald sind auch deine Schultern vom Wasser bedeckt.

Nun lässt du dich ins Wasser gleiten. Dein Körper ist ganz leicht und das Wasser trägt ihn sicher. Ganz gleichmäßig schaukelst du mit den Wellen. Mal wirst du von ihnen hochgehoben, dann gleitest du wieder sanft hinab in ein Wellental. Dieser Rhythmus lässt dich noch ruhiger werden und du entspannst dich mehr und mehr. Du fühlst, wie dein Kopf völlig frei ist, wie dein Körper ganz weit und immer ruhiger wird. Du schaukelst dahin. Nichts zählt mehr. Alles ist unwichtig geworden. Zeit scheint nicht mehr zu existieren. Du treibst im Meer – und allmählich merkst du, wie du dich selbst in einen Wassertropfen verwandelst. Du wirst Teil des großen weiten Meeres. Deine Grenzen heben sich auf.

Du fühlst dich unendlich weit, verbunden mit dem großen weiten Meer. Mit ihm fließt du dahin, ganz unbeschwert und frei. Manchmal peitscht du in einer mächtigen Welle gegen einen großen Felsen, dann trennst du dich wieder für kurze Zeit von ihr und springst als Tropfen übermütig in die Höhe, bevor du fröhlich wieder zurück ins tosende Meer fällst. Wenn du von diesem Toben erschöpft bist, lässt du dich wieder von einer Welle einfach treiben, ruhst dich aus und entspannst dich, während du sanft dahin schaukelst.

Du bemerkst, wie die Jahreszeiten wechseln. Als du im Winter zu weit auf den Strand rollst, gefrierst du dort zu Eis. Du hast dir diese Ruhepause verdient. Wohlig schlummerst du dahin. Grenzenlose Ruhe breitet sich in dir aus. Du schläfst und träumst.

Mit einem Mal spürst du einen kräftigen Sonnenstrahl auf dir. Die Wärme, die er dir schenkt, lässt dich auftauen. Sie weckt dich aus deinem Schlaf. Du fühlst, wie die Grenzen von dir abfallen und spürst die unendliche Freiheit des Meeres in dir.

Der Sonnenstrahl lädt dich zu einer neuen Reise ein. Während die Farben um dich herum immer leuchtender und vielfältiger werden, bemerkst du, wie du dich langsam zurückverwandelst in den Menschen, der du bist. Du spürst in deinen Körper hinein und fühlst deine Arme und deine Beine. Du bewegst sie und atmest tief durch. Du fühlst, wie du mit jedem Atemzug wacher wirst. Langsam öffnest du deine Augen und du bist wieder ganz zurück in diesem Raum.

Text entnommen aus: Streit-Gallo, H. (2002). *Komm mit ins Land der Träume: Meditations- und Phantasiereisen für Kinder*. Altenstadt: Grasmück Verlag.

6 Gesprächsführung, TZI-Regeln und Feedback

Diese Trainingseinheit beschäftigt sich mit Themen des Prozessmanagements, die für den Trainer während der Durchführung des Trainings nützlich sind. Um mit den Teilnehmern effektiv und in einer angenehmen Gruppenatmosphäre arbeiten zu können, ist es für den Trainer notwendig, Kenntnisse in Gesprächsführung zu besitzen sowie die TZI-Regeln (Themenzentrierte Interaktion) und die Regeln des richtigen Gebens und Nehmens von Feedback zu kennen und anwenden zu können. Die Beachtung dieser Regeln sorgt für eine bessere Kommunikation des Trainers mit den Teilnehmern. Anlässe für Konflikte unter den Teilnehmern oder im Umgang des Trainers mit einzelnen Teilnehmern können so reduziert werden.

Während diese Trainingssitzung den Schwerpunkt auf allgemeine Kommunikationsregeln setzt, wird in Kapitel 7 das Prozessmanagement in konkreten Situationen behandelt: beim Umgang des Trainers mit Fragen und Beiträgen sowie mit schwierigen Teilnehmern.

6.1 Analytischer Teil

6.1.1 Sachanalyse

Gesprächsführung

a) Strategien der Gesprächsführung

- Der Begriff der *Partnerschaftlichkeit* betont, dass ein Training trotz der Unterteilung in Trainer und Teilnehmer ein partnerschaftlicher, gemeinsamer Prozess ist. Beide Partner sollten auf gleicher Höhe interagieren. Dies schützt den Trainer vor besserwisserischer Überheblichkeit und übersteigertem Verantwortungsgefühl. Der Gesprächsstil sollte also demokratisch sein – ein autoritärer Stil ist ebenso zu vermeiden wie ein „Laisser-faire"-Stil. Der Trainer sollte sich selbst eher in der Rolle eines „Moderators" sehen, der Anstöße für die Arbeit der Gruppe gibt und diese koordiniert. Er leitet die Gruppe zwar an, ist selbst aber auch nicht allwissend. Seine Aufgabe besteht in erster Linie darin, den Rahmen und die richtige Atmosphäre zu schaffen, damit die Teilnehmer anregend und aktiv lernen.
- Das Gespräch sollte immer *partnerzentriert* und keinesfalls egozentriert sein, d. h. Initiativen sollten von den Teilnehmern ausgehen und nicht vom Instruierenden. Somit werden Selbstständigkeit und Selbstentfaltung des Teilnehmers gefördert.

b) Spezielle Strategien der Gesprächsführung
Insgesamt ist es wichtig, systematisch zuzuhören. Das heißt, sich auf seinen Gesprächspartner zu konzentrieren und Partnerschaftlichkeit zu zeigen. Methoden, die dies unterstreichen und unterstützen sind das „aktive Zuhören" und das „Paraphrasieren".

Aktives Zuhören: Darunter wird die gefühlsmäßige Reaktion des Zuhörenden auf die Botschaft des Sprechers verstanden. D. h., es wird von dem Zuhörenden auch und besonders das in Worte gefasst, was auf der Gefühlsebene in den Aussagen des anderen mitschwingt.

- Dies zeigt dem Sprecher, dass die Gefühle, die mit seiner Äußerung verknüpft sind, erfasst wurden.
- Es wird darauf geachtet, wie der andere spricht und sich verhält (nonverbale Äußerung).
- Es wird versucht, sich in den anderen hineinzudenken und hineinzufühlen (Empathie).
- Beispiele für Reaktionen des Zuhörenden sind:
  „Sie befürchten jetzt, dass ..."
  „Sie sind misstrauisch, ob ..."
  „Sie ärgern sich über ..."
  „Sie sind noch nicht sicher, wie weit ..."
  „Sie sind erschrocken über ..."
  „Sie freuen sich, weil ..."

Paraphrasieren: Es werden die Aussagen des anderen mit den eigenen Worten wiedergegeben.

- Hierdurch kann überprüft werden, ob die Aussagen des Gesprächspartners verstanden wurden.
- Der Gesprächspartner erkennt, dass ihm aufmerksam zugehört wird.
- Noch wichtiger: Er erkennt, wie seine Aussage verstanden wird und kann Missverständnisse beseitigen.
- Beispiele hierfür sind:
  „Mit anderen Worten ..."
  „Wenn ich sie richtig verstehe, geht es Ihnen um ..."
  „Ihnen ist wichtig, dass ..."
  „Sie legen Wert auf ..."
  „Für Sie kommt es sehr darauf an, dass Sie ..."
  „Ich habe jetzt verstanden, dass Sie ..."

Beide Methoden dienen dazu, dem Gesprächspartner Akzeptanz zu signalisieren und Missverständnissen vorzubeugen.

TZI-Regeln

Themenzentrierte Interaktion (TZI) bedeutet, dass hier thematisch-sachbezogenes Arbeiten und ein menschenwürdiger Umgang in der Kommunikation und Interaktion aufeinander bezogen werden und gemeinsam für effektives Arbeiten und Lernen verantwortlich sind (Langmaack, 2000). Die Einhaltung gewisser Regeln ist auch hierbei sinnvoll.

Die Regeln für die Kommunikation in Arbeits- und Lernprozessen helfen, diese offener und klarer zu gestalten. Sie sollen die Interaktion erleichtern und sie direkter und lebendiger machen.

- *Seien Sie Ihr eigener Chairman!*
  Dieses zentrale Postulat der TZI drückt eine Haltung aus, bei der die Eigenverantwortung im Mittelpunkt steht. Jeder Teilnehmer sollte sich selbst bewusst wahrnehmen und sein eigenes Vorgehen im Hinblick auf die Arbeit und auf die Gruppe und auf alles, was für ihn wichtig ist, bestimmen. „Bestimme, wann Du reden willst und was Du sagen willst, und bedenke, dass alle anderen es auch tun werden!" (Langmaack, 2000).
- *Störungen angemessenen Raum geben!*
  Treten Störungen im Arbeitsablauf auf, sei es durch Langeweile, Abgelenktheit, Ärger oder Heiterkeit, sollten diese unbedingt angesprochen und direkt geklärt werden. Geschieht dies nicht und werden die Störungen ignoriert, werden das Lernen oder die Arbeit behindert, da diese Störungen trotzdem wirksam bleiben. Auftretende Störungen sollten so weit bearbeitet werden, dass sie die Konzentration auf die Aufgabe nicht weiter beeinträchtigen und keine Energie kosten, die für den Arbeitsprozess benötigt wird.
- *Vertreten Sie sich selbst in Ihren Aussagen: Sprechen Sie per „ich" und nicht per „wir" oder „man"!*
  Aussagen einzelner Gruppenmitglieder, wie „Wir langweilen uns alle", „Wir wollen eine Pause", stimmen so oft nicht. Das pauschale „wir" zwingt die, die anderer Meinung sind, in die Defensive. Es sind unerlaubte Übergriffe auf andere, die Übereinstimmung voraussetzen, die gar nicht abgeklärt wurde. Der Sprechende übernimmt mit Redewendungen wie „niemand sollte" nicht die volle Verantwortung für das, was er sagt, und versteckt sich hinter einer behaupteten Mehrheit, um sich und seine Zuhörer zu überzeugen.
- *Wenn Sie eine Frage stellen, so sagen Sie, warum Sie fragen und was die Frage für Sie bedeutet.*
  Fragen werden leicht als inquisitorisch, bedrängend und suggestiv erlebt. Ausweichende Antworten oder Gegenfragen sind die Folge. Wenn dagegen Fragen mit persönlichen Aussagen verbunden werden, inspiriert das zu weiteren Interaktionen. Sobald sich zu der Frage auch der Hintergrund des Fragens gesellt, kann für den anderen ein Denkanstoß daraus werden. Die Frage gewinnt an Transparenz und lässt erkennen, warum sie gestellt wird.

Feedback

a) Funktion
Mit „Feedback" geben wir unserem Gegenüber eine Mitteilung darüber, wie wir sein Verhalten wahrnehmen. Um Feedback zu bitten, ist eine gute Möglichkeit, unser Selbstbild systematisch mit dem Fremdbild anderer zu vergleichen. Für eine wie auch immer geartete soziale Lerngruppe ist das Feedback von anderen Menschen oder aber Feedback auf technischem Wege, wie beispielsweise über Videoaufzeichnungen, von großer Relevanz. Lernübungen machen erst dann Sinn, wenn die Teilnehmer der Lerngruppe Rückmeldung über ihre Lernfortschritte erhalten. Durch Feedback werden Lernprozesse bewusst und geplant gesteuert.

b) Regeln
Feedback zu geben und annehmen zu können, sind soziale Fähigkeiten, die erlernt werden können. Es gibt eine Reihe von allgemeinen Grundsätzen, wie man auf deutliche, unmissverständliche und hilfreiche Art, ohne zu verletzen, anderen Menschen Feedback gibt. Allerdings ist es auch wichtig, dass man diese Prinzipien nicht stur und mechanisch in immer gleicher Form anwendet. Feedback ist besonders wirkungsvoll, wenn sowohl der Feedbackgeber als auch der Feedbacknehmer folgende Regeln beachten.

Regeln für den Feedbackgeber

- Bereitschaft des Empfängers prüfen, die eigene Offenheit zu akzeptieren:
Ungewohnte Offenheit kann schockieren und verletzen und die Bereitschaft des Empfängers blockieren, Ihnen zuzuhören. Also langsam vorgehen!
- Nutzen des Feedbacks prüfen:
Ist das Feedback für den anderen hilfreich, brauchbar und wichtig oder befriedigt es lediglich eigene Egoismen?
- Seien Sie spontan mit Ihrem Feedback:
Beziehen Sie sich nicht auf das frühere Verhalten des Empfängers, sondern beziehen Sie sich auf das „Hier" und „Jetzt".
- Seien Sie konkret in Ihrem Feedback:
Verallgemeinerungen vermeiden; nicht die Persönlichkeit des Empfängers kritisieren, denn dies wirkt überheblich und führt zu Abwehrreaktionen. Beziehen Sie sich immer nur auf tatsächlich sichtbares Verhalten.
- Prüfen Sie Ihr eigenes Motiv für das Feedback:
Wem nutzt Ihr Feedback? Was verbessert es? Was verschlechtert sich evtl. dadurch?
- Prüfen Sie Ihre eigene Urteilsfähigkeit:
Fragen Sie sich zuerst, ob es Ihnen Ihre eigene Gefühlslage im Augenblick erschwert, den anderen richtig wahrzunehmen. Seien Sie „objektiv"!

Regeln für den Feedbacknehmer

- Bitten Sie möglichst oft um Feedback:
Andere sehen Sie anders, als Sie sich selbst sehen. Ihre Grundeinstellung sollte sein: Meine eigene Wahrnehmungsfähigkeit ist begrenzt, und andere Menschen können mir daher helfen, mich und andere objektiver zu sehen.
- Sagen Sie konkret, welche Informationen Sie haben möchten:
Sagen Sie nicht „Wie wirke ich auf Dich?", sondern beschreiben Sie, um was es Ihnen geht, z. B. Auftreten, Sprechweise.
- Vermeiden Sie es, zu argumentieren oder sich zu verteidigen:
Auch eine für Sie nicht nachvollziehbare Rückmeldung ist ein Feedback. Nicht sofort zum Gegenangriff übergehen, sondern erst einmal hinnehmen und ggf. nachfragen!
- Überprüfen Sie die Bedeutung von Informationen:
Wiederholen Sie das erhaltene Feedback mit eigenen Worten, um sicherzustellen, dass Sie den Feedbackgeber richtig verstanden und interpretiert haben.
- Teilen Sie dem Feedbackgeber Ihre Reaktion mit:
Sagen Sie ehrlich, wie Sie sich nach dem Feedback fühlen, egal ob Sie verletzt, überrascht oder erfreut sind.
- Danken Sie dem Feedbackgeber:
Es ist ein gutes Zeichen, wenn jemand den Mut hat, Ihnen ein ehrliches und konstruktives Feedback zu geben.

6.1.2 Didaktische Analyse

In dieser Sitzung werden drei Themen behandelt. Jedes Thema wird vermittelt, indem den Teilnehmern die theoretischen Inhalte in einem höchstens zehnminütigen Vortrag präsentiert werden. Daran anschließend folgt jeweils eine ausführliche Übung, in der das neu Gelernte angewendet wird.

Die Sitzung beginnt nach einer kurzen Begrüßung mit dem Thema „Gesprächsführung". Den Teilnehmern werden Strategien der Gesprächsführung vorgestellt, die Strategie „Aktives Zuhören" wird von den Teilnehmern in der ersten Übung ausprobiert. Die Teilnehmer arbeiten dabei mit einem Partner. So kann jeder Teilnehmer die Strategie des „Aktiven Zuhörens" selbst ausprobieren und erhält Gelegenheit zu erfahren, wie es ist, wenn ihm aktiv zugehört wird. Am Ende der Übung reflektieren die Teilnehmer den Verlauf der Übung mit ihrem Partner. Ihr Fazit zu dieser Übung wird im Plenum gesammelt.

Mit dem folgenden Thema „TZI-Regeln" wird der inhaltliche Rahmen etwas weiter gespannt: Von den Strategien einer guten Gesprächsführung hin zu allgemeinen Regeln, die eine effektive Zusammenarbeit und angenehme Arbeitsatmosphäre unterstützen. Die „TZI-Regeln" werden in einem kurzen Theorieblock vorgestellt, daran anknüpfend folgt die zweite Übung, in der die Anwendung der Regeln ausprobiert werden soll. Um die wichtigsten

Regeln noch mal zu wiederholen, erstellen die Teilnehmer in Kleingruppen zunächst einen Beobachtungsbogen. Dieser Bogen wird anschließend in einer Gruppendiskussion von einem Beobachter dazu benutzt, die Einhaltung der TZI-Regeln zu überprüfen. In der Gruppendiskussion können die Teilnehmer so nicht nur die TZI-Regeln ausprobieren, sondern erhalten zusätzlich am Ende vom Beobachter eine Rückmeldung.

Nach einer kurzen Pause beginnt das dritte Thema der Sitzung: Das „Feedback". Da davon ausgegangen werden kann, dass jeder Teilnehmer in der einen oder anderen Form schon einmal Feedback gegeben oder erhalten hat, werden zuerst die Vorerfahrungen der Teilnehmer mit diesem Thema erfragt. Diese kurze Ideensammlung dient auch der erneuten Aktivierung der Teilnehmer nach der Pause.

Die Regeln des richtigen Gebens und Nehmens von Feedback werden anschließend in einem kurzen Theorieteil vorgestellt. Der Schwerpunkt liegt bei diesem Thema auf der praktischen Erprobung der Regeln in einer ausführlichen Übung. Um den Teilnehmern die Gelegenheit zu geben, die Feedbackregeln in alltagsnahen Situationen anzuwenden, werden Rollenspiele durchgeführt (s. Anhang A 6.1). Die Teilnehmer erarbeiten dabei in Kleingruppen jeweils ein Rollenspiel zu einer vorgegebenen Situation, bei der es um das Geben und Empfangen von Feedback geht. Anschließend werden die Rollenspiele den anderen Gruppen vorgeführt. Den Teilnehmern werden so Beispiele für den richtigen Umgang mit Feedback in unterschiedlichen Situationen gezeigt, die am Ende auch im Plenum besprochen werden.

Die Trainingssitzung schließt mit einer kurzen Zusammenfassung und Wiederholung der behandelten Themen.

6.2 Entscheidungsteil

6.2.1 Lernziele

Nach dem Training sollen die Teilnehmer folgende Kompetenzen erworben haben:
- Grundlagen der Gesprächsführung kennen und die Gesprächstechnik „Aktives Zuhören" anwenden können,
- die TZI-Regeln kennen und beachten können,
- die Feedbackregeln kennen,
- Feedback geben und empfangen können.

6.2.2 Geplanter Verlauf

- Begrüßung
- Theorieblock I: Gesprächsführung
- Übung I: Aktives Zuhören
- Theorieblock II: TZI-Regeln
- Übung II: TZI-Regeln
- Pause
- Erfassen der Vorerfahrung zum Thema „Feedback"
- Theorieblock III: Feedback
- Übung III: Geben und Empfangen von Feedback
- Abschluss (Zusammenfassung der Sitzungsthemen)

6.2.3 Sequenzplan der Einheit „Gesprächsführung, TZI-Regeln und Feedback"

Dauer [min]	Sequenz	Inhalt	Ziel	Sozialformen	Bemerkungen	Medien	Material
3	Begrüßung	Begrüßung der Teilnehmer und Vorstellen des Sitzungsinhaltes					
10	Theorieblock I: Gesprächsführung	Aktives Zuhören, Paraphrasieren, positives Formulieren	Grundlagen der Gesprächsführung vermitteln; Teilnehmer erhalten Einblick, wie man Gespräche partnerschaftlich führen kann	Vortrag		PowerPoint-Präsentation	Laptop, Beamer
12	Übung I: „Aktives Zuhören"	Teilnehmer erzählen sich in Partnerarbeit, welche Erfahrungen und Eindrücke sie von den Spielen und Übungen der letzten Einheit mitgenommen haben; der Gesprächspartner übt dabei das aktive Zuhören; danach Rollentausch; anschließend Austausch über die Übung mit Partner und Fazit ziehen; Plenumsdiskussion	Ausprobieren der Gesprächstechnik „Aktives Zuhören"	Partnerarbeit, Plenum			Instruktionen

Dauer [min]	Sequenz	Inhalt	Ziel	Sozial-formen	Bemerkungen	Medien	Material
10	Theorie-block II: TZI-Regeln	TZI-Regeln als Grundlage für effektives Arbeiten in Gruppen vorstellen	Lernen, den Arbeits- und Lernprozess offen und klar zu gestalten	Vortrag		PowerPoint-Präsentation	Laptop, Beamer
15	Übung II: TZI-Regeln	In Kleingruppen erstellen die Teilnehmer einen Beobachtungsbogen; es folgt eine Gruppendiskussion, bei der ein Teilnehmer pro Gruppe als Beobachter fungiert, der auf die Anwendung der TZI-Regeln achtet und der Gruppe anschließend dazu Rückmeldung gibt; anschließend Erfahrungsaustausch im Plenum	Das im vorhergehenden Theorieblock erworbene Wissen praktisch anwenden; durch den Beobachter Rückmeldung zum eigenen Kommunikationsverhalten bekommen	Klein-gruppen, Plenum			Instruktionen, Papier, Stifte
5	Pause						
5	Vorerfahrung erfragen	Kurze Ideensammlung zum Thema „Feedback"	Vorwissen aktivieren, Einstieg in das Thema	Plenum			Flipchart, Stifte

6.2 Entscheidungsteil

Dauer [min]	Sequenz	Inhalt	Ziel	Sozialformen	Bemerkungen	Medien	Material
5	Theorieblock III: Feedback	Regeln zum Feedbackgeben und Feedbacknehmen	Vermittlung der Feedbackregeln	Vortrag		PowerPoint-Präsentation	Laptop, Beamer
22	Übung III: "Geben und Empfangen von Feedback"	Teilnehmer entwickeln in Kleingruppen Rollenspiele zu verschiedenen beruflichen Problemsituationen, bei denen es um das Geben und Empfangen von Feedback geht; anschließend werden diese Rollenspiele im Plenum vorgeführt und besprochen	Üben von Feedbackregeln	Kleingruppenarbeit, anschließend Plenum			Instruktionen, Blätter, Stifte
3	Abschluss	Zusammenfassung der Sitzungsthemen		Plenum			

6.2.4 Beschreibung des Ablaufs

Nach der Begrüßung der Teilnehmer und dem kurzen Vorstellen der Sitzungsthemen beginnt die Einheit mit einem Theorievortrag zum Thema „Gesprächsführung". In diesem Vortrag werden verschiedene Strategien der Gesprächsführung vorgestellt.

Im Anschluss daran folgt die erste Übung, in der eine der vorgestellten Strategien, das „Aktive Zuhören", geübt wird. Die Teilnehmer arbeiten in Zweiergruppen zusammen. Sie berichten sich gegenseitig von ihren Erfahrungen mit den Übungen der letzten Sitzung. Der Gesprächspartner übt dabei das aktive Zuhören. Am Ende tauschen sich die Partner über ihre Erfahrungen mit der Übung aus und ziehen ein Fazit zur Strategie „Aktives Zuhören". Diese abschließenden Meinungen werden dann im Plenum zusammengetragen.

Es folgt der Einstieg in das zweite Thema der Einheit, die „TZI-Regeln". Diese werden zunächst in einem Vortrag präsentiert, dann in einer Übung erprobt. Die Teilnehmer finden sich in Kleingruppen zusammen und überlegen sich zunächst einen Beobachtungsbogen, mit dem festgestellt werden kann, inwieweit die TZI-Regeln in einem Gespräch eingehalten werden. Dann diskutiert die Gruppe über ein vorgegebenes Thema. Jeweils ein Teilnehmer pro Gruppe fungiert dabei als Beobachter, der mithilfe des Beobachtungsbogens auf die Anwendung der TZI-Regeln achtet und der Gruppe dazu anschließend Rückmeldung gibt. Am Schluss wird der Verlauf der Übung im Plenum besprochen.

Nach einer kurzen Pause folgt das dritte Thema der Einheit, das „Feedback". Es beginnt mit einer kurzen Befragung der Teilnehmer zu ihren Erfahrungen mit dem Geben und Empfangen von Feedback. Daran schließt sich ein ebenfalls kurz gehaltener Theorieblock zur Vermittlung der Feedbackregeln an.

In der dritten Übung (s. Anhang A 6.1) wird das Geben und Empfangen von Feedback in Rollenspielen geübt. Die Teilnehmer arbeiten wiederum in Kleingruppen zusammen. Jede Gruppe erhält eine Instruktion, die eine berufliche Problemsituation im Zusammenhang mit dem Geben und Empfangen von Feedback beschreibt. Zu dieser vorgegebenen Situation werden in den Kleingruppen Rollenspiele entwickelt, die anschließend im Plenum vorgeführt und besprochen werden.

Den Abschluss der Trainingseinheit bildet eine kurze Zusammenfassung der Sitzungsthemen.

6.3 Bewertung

Da in dieser Trainingssitzung den Teilnehmern drei Themenbereiche vorgestellt werden, ist es wichtig, dass der Trainer Übergänge zwischen den Themen schafft. Zu Beginn des Theorieblocks „TZI-Regeln" soll deutlich werden, dass es bei diesem Thema, genau wie bei dem ersten, um eine Verbesserung der Kommunikation geht. Während das erste Thema konkrete Strategien der Gesprächsführung behandelt, geht es im zweiten um allgemeine Regeln einer gelungenen Interaktion. Wenn es die Zeit zulässt, wäre es sinnvoll, die erste Übung zu verlängern, da das aktive Zuhören schwierig ist und einige Übung erfordert. Bei der Durchführung der zweiten Übung sollte der Trainer darauf achten, dass die Kleingruppen nicht zu viel Zeit auf die Erstellung des Beobachtungsbogens verwenden, da sonst zu wenig Zeit für die Gruppendiskussion bleibt. Im Bedarfsfall bekommen die Gruppen von den Trainern Hilfestellung bei der Arbeit am Beobachtungsbogen.

Die lange Übung zum theoretisch nur kurzen Thema „Feedback" ist wichtig, da sich viele Menschen mit dem Äußern und Annehmen von Feedback schwer tun. Die vorgestellten Regeln müssen daher intensiv geübt werden. In den sehr realistischen Problemsituationen der Rollenspiele wird für die Teilnehmer besonders deutlich, wie wichtig Kenntnisse über das richtige Geben und Nehmen von Feedback nicht nur in einem Training, sondern generell im Alltag sind.

Literatur

Langmaack et al. (2000). *Wie die Gruppe laufen lernt* (7. Aufl.). Weinheim: Beltz.
Weber, W. (1996). *Wege zum helfenden Gespräch. Gesprächspsychotherapie in der Praxis* (11. Aufl.). München: Ernst Reinhardt.
Weisbach, C.-R. (2003). *Professionelle Gesprächsführung* (6. Aufl.). München: dtv.

Anhang: Gesprächsführung, TZI-Regeln und Feedback

A 6.1   Übung zum Geben und Empfangen von Feedback

Die Teilnehmer werden in vier Gruppen aufgeteilt. Jede Gruppe erhält eine der folgenden Instruktionen, um ein Rollenspiel durchzuführen.

Instruktion Rollenspiel 1

Liebe Seminarteilnehmer/innen,
bitte lesen Sie diesen Text in Ihrer Gruppe laut vor.

Training Feedback – „Kein rechter Draht zum Kommilitonen"

Versuchen Sie bitte, sich in die folgende Situation hineinzuversetzen:
Nach einem Universitätswechsel sind Sie seit drei Monaten Teil einer Lerngruppe mit insgesamt acht Studenten. Vorher waren Sie in einer anderen Lerngruppe. Die neue Lerngruppe macht Ihnen sehr viel Spaß. Sie haben bereits einiges auf die Beine gestellt und kommen mit Ihren Kommilitonen gut zurecht. Allerdings: Sie haben den Eindruck, dass ein Kommilitone, Herr Scheu, Ihnen stets direkt aus dem Weg geht, und dass Sie trotz einiger Bemühungen Ihrerseits keinen rechten Draht zu ihm bekommen. Sie bedauern dies, da Ihnen Herr Scheu sympathisch und kompetent erscheint und Sie sich einen häufigeren fachlichen und auch etwas persönlicheren Austausch auf der Basis einer tragfähigen Arbeitsbeziehung wünschen. Sie sind außerdem verunsichert, weil Sie nicht wissen, was das Verhalten von Herrn Scheu zu bedeuten hat. Sie haben ihn deshalb in ein Café zu einem freundschaftlichen Gespräch gebeten, um „mal in Ruhe miteinander ins Gespräch zu kommen" und ihm Rückmeldung über ihren Eindruck zu geben.

Aufgabe Rollenspiel

Bitte bereiten Sie gemeinsam ein Gespräch zwischen dieser Person und Herrn Scheu als kurzes Rollenspiel von etwa zwei Minuten Dauer vor. Dafür haben Sie zehn Minuten Zeit. Bedenken Sie die Regeln für das Geben und Empfangen von Feedback auf Sender- wie Empfängerseite. Das Rollenspiel soll im Plenum vorgetragen werden.

Vielen Dank!

Instruktion Rollenspiel 2

Liebe Seminarteilnehmer/innen,
bitte lesen Sie diesen Text in Ihrer Gruppe laut vor.

Training Feedback – „Unpünktlichkeit"

Versuchen Sie bitte, sich in die folgende Situation hineinzuversetzen:
Sie sind Direktorin/Direktor eines privaten Internats und bemühen sich um ein partnerschaftliches Verhältnis zu Ihren Lehrerkollegen, gelten als gerecht und tolerant. Was Sie allerdings „auf den Tod nicht ausstehen können", ist Unpünktlichkeit. Von sich selbst und anderen erwarten Sie absolute Pünktlichkeit: „Des guten Kindes Pünktlichkeit ist fünf Minuten vor der Zeit." Besonders wichtig ist Ihnen, dass alle Ihre Kollegen pünktlich zur allmorgendlichen Besprechung kommen, die eine halbe Stunde vor der Unterrichtszeit liegt. Dort werden wichtige Informationen ausgetauscht. „Zuspätkommer" stören die konzentrierte Arbeitsatmosphäre. Herr Rossi, ein von Ihnen geschätzter Kollege, ist in den letzten Wochen häufig zu spät gekommen, mal fünf Minuten, mal 15 Minuten. Sie haben meist dazu geschwiegen und Ihren Ärger hinuntergeschluckt, manchmal auch mit kurzen, bissigen Kommentaren darauf reagiert. Das – so denken Sie – sollte eigentlich reichen. Herr Rossi müsste wissen, wie sehr Sie dieses Verhalten ärgert. Sie empfinden seine Unpünktlichkeit als rücksichtslos und sehen darin auch eine persönliche Kränkung. Herr Rossi erledigt ansonsten seine Lehrtätigkeit zu Ihrer Zufriedenheit. Sie wissen wenig von ihm persönlich, außer dass er mit seiner Frau und drei Kindern am Stadtrand lebt. Im Kollegium wird insgesamt relativ wenig über Persönliches und über das Privatleben gesprochen. Nachdem Sie nun wochenlang seine Unpünktlichkeit ertragen haben, sind Sie jetzt dazu entschlossen, sein Verhalten nicht länger schweigend hinzunehmen und ihm Rückmeldung über Ihre Wahrnehmung zu geben. Sie haben Herrn Rossi zu einem aufklärenden Gespräch gebeten, ohne ihm jedoch das Thema zu nennen.

Aufgabe Rollenspiel

Bitte bereiten Sie gemeinsam ein Gespräch zwischen Direktorin/Direktor und Herrn Rossi als kurzes Rollenspiel von etwa zwei Minuten Dauer vor. Dafür haben Sie zehn Minuten Zeit. Bedenken Sie die Regeln für das Geben und Empfangen von Feedback auf Sender- wie Empfängerseite. Das Rollenspiel soll im Plenum vorgetragen werden.

Vielen Dank!

Instruktion Rollenspiel 3

Liebe Seminarteilnehmer/innen,
bitte lesen Sie diesen Text in Ihrer Gruppe laut vor.

Training Feedback – „Die Vielrednerin"

Versuchen Sie bitte, sich in die folgende Situation hineinzuversetzen:
Sie sind Geschäftsführerin/Geschäftsführer eines großen Juwelierhandels. Ihre Mitarbeiterin, Frau Bla, ist in der Kundenbetreuung tätig. Fachlich hat sie einiges zu bieten: Sie ist immer auf dem neuesten Stand, nimmt regelmäßig an fachlichen Weiterbildungsveranstaltungen teil und ist sehr engagiert. Allerdings: Frau Bla ist eine enthusiastische „Vielrednerin". Sie hört sich selbst gerne reden, ist teilweise sehr weitschweifig, überschüttet andere mit Informationen, ohne sich dabei auf die Bedürfnisse des Gesprächspartners (eben auch die der Kunden) einzustellen. Sie haben diesen Redeschwall von Frau Bla nicht nur schon oft genug am eigenen Leibe erfahren, sondern dies auch in Kundengesprächen beobachtet. Das führt auch dazu, dass die Gespräche, Ihrer Meinung nach, unnötig lange dauern. Einige Kunden sind daraufhin zu einem anderen Berater oder sogar zur Konkurrenz gewechselt. Da die Verkaufszahlen von Frau Bla meistens unter dem Durchschnitt Ihrer Abteilung liegen und nicht annähernd ihrer fachlich/inhaltlichen Kompetenz entsprechen (– sie wird oft von Kollegen um inhaltlichen Rat gefragt –), haben Sie sich nun schweren Herzens (– dieses Gespräch ist Ihnen nicht sehr angenehm –) dazu entschlossen, sie auf ihr Verhalten anzusprechen und ihr Rückmeldung über Ihren Eindruck zu geben. Sie haben bei der Verabredung des Gesprächstermins Frau Bla gesagt, dass Sie gern mit ihr über „Verbesserungsmöglichkeiten in ihrer Kundenbetreuung" reden möchten.

Aufgabe Rollenspiel

Bitte bereiten Sie gemeinsam ein Gespräch zwischen Geschäftsführerin/Geschäftsführer und Frau Bla als kurzes Rollenspiel von etwa zwei Minuten Dauer vor. Dafür haben Sie zehn Minuten Zeit. Bedenken Sie die Regeln für das Geben und Empfangen von Feedback auf Sender- wie Empfängerseite. Das Rollenspiel soll im Plenum vorgetragen werden.

Vielen Dank!

Instruktion Rollenspiel 4

Liebe Seminarteilnehmer/innen,
bitte lesen Sie diesen Text in Ihrer Gruppe laut vor.

Training Feedback – „Zu langsam"

Versuchen Sie bitte, sich in die folgende Situation hineinzuversetzen:
Sie sind Abteilungsleiterin/Abteilungsleiter einer Bank in Frankfurt. Ihre Mitarbeiterin Frau Raab ist seit sechs Monaten in Ihrer Abteilung tätig. Sie hat vorher in einer anderen Bank gearbeitet. Ihre Arbeitsqualität ist überdurchschnittlich gut. Alle Arbeitsaufträge, die sie von Ihnen erhält, erfüllt sie diszipliniert, korrekt und kreativ, also fast „perfekt" – allerdings für Ihre Begriffe zu langsam. Ihnen wäre es lieber, wenn die Arbeitsergebnisse nicht ganz so perfekt wären, dafür aber schneller auf Ihrem Schreibtisch landeten. Einige Male konnten Sie Ihre eigene Arbeit nicht in der gewohnten Geschwindigkeit erledigen, da Sie auf die dazu notwendigen Ergebnisse von Frau Raab warten mussten. In einem ersten ausführlichen Gespräch mit Frau Raab nach ihren ersten drei Monaten haben Sie sie noch nicht darauf angesprochen, da ihre Leistungen ansonsten besonders gut waren. Sie nahmen auch an, dass sich die Arbeitsgeschwindigkeit nach der Einarbeitungszeit steigern würde. Außerdem schien Ihnen ein vorsichtiger Umgang mit Ihrer neuen Mitarbeiterin geboten, da Frau Raab auf Sie sehr schüchtern wirkt. Frau Raab weiß also nichts von Ihrer Kritik. Sie haben ihr bislang keine Zeitvorgaben zu den an sie übertragenen Aufgaben gegeben, hatten jedoch häufiger das Empfinden, „das dauert mir einfach zu lange". Sie schätzen Frau Raab als Mitarbeiterin und Mensch, haben jedoch in diesem einen Punkt deutliche Kritik an ihr. Sie hatten sich bereits am Ende des ersten Gesprächs zu einem weiteren Gespräch nach weiteren drei Monaten, also nach Ablauf der Probezeit, verabredet, um mit ihr ein zweites Mal den Einstieg in Ihre Abteilung zu reflektieren. Führen Sie nun dieses Gespräch und geben Sie ihr Rückmeldung über Ihre Wahrnehmung.

Aufgabe Rollenspiel

Bitte bereiten Sie gemeinsam ein Gespräch zwischen Abteilungsleiterin/Abteilungsleiter und Frau Raab als kurzes Rollenspiel von etwa zwei Minuten Dauer vor. Dafür haben Sie zehn Minuten Zeit. Bedenken Sie die Regeln für das Geben und Empfangen von Feedback auf Sender- wie Empfängerseite. Das Rollenspiel soll im Plenum vorgetragen werden.

Vielen Dank!

7 Umgang mit Fragen und Beiträgen sowie schwierigen Teilnehmern

Dieses siebte Kapitel beschäftigt sich wie Kapitel 6 mit dem Thema Prozessmanagement. Im ersten Teil über das Prozessmanagement wurden die Themen Gesprächsführung, Gruppenführung und Feedback behandelt. In diesem zweiten Teil werden nun die Themen „Umgang mit Fragen und Beiträgen" sowie „Umgang mit schwierigen Teilnehmern" vorgestellt.

Der Bereich „Umgang mit Fragen und Beiträgen" wird noch einmal unterteilt in prozessleitende und prozessbegleitende Handlungen. Die Teilnehmer sollen lernen, diese zu unterscheiden und wissen, in welchem Rahmen sie welche Handlungen anzuwenden haben.

Ergänzend wird ein Konzept vorgestellt, welches den Trainer als Moderator sieht, dessen Aufgabe es nicht immer ist, Wissen zu vermitteln, sondern in manchen Situationen stattdessen zu moderieren, d. h. sich inhaltlich zurückzuhalten und stattdessen auf den Prozess zu konzentrieren.

Der zweite Bereich, der in dieser Einheit vorgestellt wird, ist der Umgang mit schwierigen Teilnehmern. Eine intensive Beschäftigung mit diesem Thema kann dem Trainer Sicherheit geben sowie das Vertrauen, dass schwierige Situationen vermieden oder entschärft werden können. Daher wird dieses Thema nicht nur inhaltlich vermittelt, sondern es werden Übungen hierzu durchgeführt.

7.1 Analytischer Teil

7.1.1 Sachanalyse

Umgang mit Fragen/Beiträgen

Teilnehmerfragen und -beiträge sind ein grundlegender Bestandteil aller Trainings, denn sie bereichern Trainings, bieten Möglichkeiten für Rückfragen, stoßen Diskussionen an und dienen zum Ausräumen von Missverständnissen. Die Trainer selbst haben die Möglichkeit, mit gezielten Fragen und Beiträgen den Trainingsverlauf zu beeinflussen. Der Umgang mit Fragen und Beiträgen wird daher unterteilt in *prozessleitende* Handlungen, also aktiv vom Trainer beeinflusste Handlungen, und in *prozessbegleitende* Handlungen, in denen der Trainer auf Beiträge reagiert (s. Becker, 1998).

a) Prozessleitende Handlungen
Was kann der Trainer tun …

1. zur Aktualisierung von Vorkenntnissen:
    - Einen Text einbringen und lesen lassen.

- Eine Trainingshilfe vorausschicken.
2. zur Motivierung der Teilnehmer zum Lernen:
   - Die Bedeutung des Trainingsinhaltes hervorheben (d. h. warum ist er für Teilnehmer wichtig).
   - Die Trainingsziele umschreiben (d. h. was sollen die Teilnehmer nach dem Training wirklich können – Ziele visualisieren).
   - Das Vorgehen diskutieren.
3. zur Motivierung zur Weiterarbeit:
   - Emotionen verbalisieren lassen (Teilnehmer fragen, was sie stört, was anders sein sollte, aber auch, was sie gut finden).
   - Andere Trainingsinhalte einbringen und Trainingsziele ändern (wenn Teilnehmer ganz andere Bedürfnisse haben bezüglich des Themas und der Ziele, diese wenn möglich aufnehmen).
   - Die Methode wechseln (z. B. in Kleingruppenarbeit, Diskussion etc.).
4. zur Erfolgskontrolle:
   - Ein Arbeitsblatt austeilen, das wichtige Fragen bzw. Aufgaben enthält.
   - Nach den interessantesten oder wichtigsten Punkten fragen.
   - Nach offen gebliebenen Frage- oder Problemstellungen fragen (z. B. können auch Fragen während des Trainings gesammelt werden, die nicht sofort beantwortet werden konnten – aus Zeitmangel, weil sie nicht passen oder weil man sich noch einmal schlau machen muss – und diese am Ende des Trainings beantwortet werden: Meistens erledigen sich die Fragen im Verlauf des Trainings).

b) Prozessbegleitende Handlungen
Was kann ein Trainer hier tun?

1. Auf Teilnehmerbeiträge eingehen:
   - Einen Bezug zum Thema herstellen lassen.
   - Beiträge zusammenfassen oder zusammenfassen lassen.
2. Teilnehmerbeiträge angemessen bewerten:
   - Mit Bewertung zurückhaltend sein.
   - Aufgabenbezogene Bewertungen vornehmen (d. h. nicht die Person bewerten, mit „das haben Sie sehr gut gemacht", sondern nur den Beitrag mit „vielen Dank für diesen Beitrag, der ist sehr hilfreich").
3. Frage- und Problemstellungen einbringen:
   - Auch anspruchsvolle Fragen einbringen.
   - Die Fragen verständlich formulieren.
4. Minimale Trainingshilfen geben:
   - Die Aufgabe mit eigenen Worten wiedergeben lassen (so kann man überprüfen, ob die Teilnehmer den Inhalt auch wirklich verstanden haben).
   - Einen punktuellen Hinweis geben.
5. Die Teilnehmer zum Fragen anregen:
   - Teilnehmer für ihre Fragen loben (das motiviert zum Fragen und nimmt die Angst, unangenehme Fragen zu stellen).

- Einen Trainingsgegenstand mitbringen, der zum Fragen reizt (z. B. einen Film, einen Text, ein Fallbeispiel etc.).
6. Auf Teilnehmerfragen eingehen:
- Lernhilfen zur Beantwortung anbieten.
- Die Frage an die Gruppe zurückgeben oder überdenken lassen.

Der Trainer als Moderator

Der Trainer kann und sollte während des Trainings nicht ausschließlich eine leitende und wissensvermittelnde Rolle einnehmen, sondern auch die Rolle als Moderator beherrschen.

Ein Moderator kann als Gegenstück zu einem Leiter angesehen werden. Ein Leiter übernimmt die Verantwortung für alles und „leitet" die Gruppe an, sagt ihnen, was sie wann zu tun haben und nimmt zu allen, auch inhaltlichen, Fragen Stellung. Ein Moderator dagegen ist nicht-leitend und nicht-bevormundend. Er versucht inhaltlich unparteiisch zu sein und auch unvoreingenommen gegenüber einzelnen Personen. Seine Aufgabe besteht vor allem darin, die Verantwortung für den Prozess zu übernehmen, d. h. er behält das Ziel der Gruppe im Auge und macht z. B. Vorschläge, welche Methode der Zielerreichung dienlich sein könnte.

Ein Trainer muss während eines Trainings beide Rollen einnehmen können, d. h. er muss entscheiden, wann er Leiter und wann Moderator ist. Insbesondere beim Umgang mit Fragen und Beiträgen können in verschiedenen Situationen andere Verhaltensweisen angebracht sein. Wichtig ist z. B., dass man sich als Trainer nicht unter Druck setzt, alle Probleme lösen und alle Fragen beantworten zu können, sondern diese auch moderierend an die Gruppe weitergeben kann.

Folgende Punkte geben eine Beschreibung der Moderatorenhaltung:

- inhaltliche Unparteilichkeit
- keine Teilnahme an inhaltlichen Debatten
- methodische Verantwortlichkeit für den Arbeitsprozess
- personenbezogene Neutralität
- gleiche Wertschätzung gegenüber allen
- gesamtes Meinungsspektrum offenlegen

Verhaltensregeln für Moderatoren:

- Eigene Ziele, Wertungen und Meinungen zurückstellen; es gibt inhaltlich kein „richtig"/„falsch",
- Ziel ständig im Auge haben, Abweichungen vom Weg dorthin signalisieren,
- zur Vereinbarung von Regeln ermutigen,
- Verhalten bewusst machen,
- Zuhören – im Mittelpunkt sollten die Teilnehmer, das Thema und das Ziel stehen,

- fragende Haltung einnehmen,
- wiederholen,
- visualisieren.

Umgang mit schwierigen Teilnehmern

Schwierige Situationen mit Teilnehmern werden sich auf Dauer nicht vermeiden lassen. Jeder Trainer wird irgendwann an einen schwierigen Teilnehmer geraten bzw. in eine schwierige Situation mit der Gruppe.

Schwierig sind diese Situationen deshalb, weil man glaubt, dass man sich auf diese schlecht vorbereiten kann und nicht weiß, wie man handeln soll. Im Folgenden werden daher einige Möglichkeiten vorgestellt, die es dem Trainer ermöglichen, sich damit zu beschäftigen, schon bevor eine solche Situation eintrifft.

Silberman (1998) stellt einige schwierige Situationen vor und nennt allgemeine Tipps, um diese in den Griff zu bekommen oder sogar abzuwenden:

a) Allgemeine Tipps

1. Nicht auf 1-zu-1-Machtkämpfe einlassen:
   - Anerkennen von gegensätzlichen Meinungen („Das, was Sie da ansprechen, ist ein wichtiger Punkt").
   - Den anderen bitten, seine Meinung genauer darzustellen.
   - Die Meinung des anderen zusammenfassen.
   - Anbieten, die Debatte in einer Kaffeepause weiterzuführen.
2. Viele Kleingruppenarbeiten machen lassen:
   - Das vermeidet, dass Einzelne die Gruppe dominieren.
   - Immer nach den Meinungen von anderen fragen.
3. Personen beschützen, die angegriffen werden:
   - Das kommt insbesondere bei Rollenspielen zum Tragen
   - Immer etwas Positives beitragen, wenn andere aus der Gruppe eine Person angreifen
4. Mit Humor reagieren

b) Tipps zu konkreten Problemsituationen

1. Wenn Einzelne die Gruppe dominieren:
   - Viel in Kleingruppen oder Zweiergruppen arbeiten lassen.
   - Die Meinung des Einzelnen noch einmal zusammenfassen und dann normal weitermachen.
   - Andere Teilnehmer nach ihrer Meinung fragen.
2. Private Konversationen:
   - Versuchen, mit nonverbaler Kommunikation die Aufmerksamkeit wiederzuerlangen (Augenkontakt, sich in die Nähe der Personen begeben).
   - Die Stimme senken/heben oder Pausen machen.
   - Einer der Personen eine Frage stellen (die Person zuerst mit Namen ansprechen, dann die Frage stellen).

- Die Personen bitten, mit dem Sprechen aufzuhören (wenn möglich, ohne dass die anderen es mitbekommen).
3. Keine Mitarbeit eines Teilnehmers/der Teilnehmer:
    - Antwortkärtchen (Metaplan-Kärtchen) benutzen.
    - Direkte, aber keine angsteinflößenden Fragen stellen.
    - Mit den Teilnehmern in den Pausen in Kontakt kommen.
    - Wenn es eine einzelne Person ist, diese bitten, die Leitung in einer Kleingruppenarbeit zu übernehmen.
    - Die Person nicht mehr ansprechen und alleine lassen.
4. Schlafen:
    - In die Nähe der Person laufen.
    - Die Stimme variieren.
    - In Zweiergruppen arbeiten lassen oder eine Kleingruppendiskussion durchführen lassen.
    - Ein Bewegungsspiel spielen.

Diese konkreten Hilfestellungen sind für viele Situationen sehr hilfreich. Es gibt aber auch Situationen, für die man auf die Schnelle keine Lösung parat hat. Hier bietet sich die *Checkliste nach Weidenmann* (1995) an. Diese untergliedert sich in zwei größere Abschnitte. Zuerst muss die Realität erfasst werden, d. h. der aktuelle Stand der Dinge, und anschließend die Arbeitsfähigkeit wieder hergestellt werden. Insgesamt stellt sich der Trainer zwölf Fragen, die ihm helfen, das Problem zu erfassen und zu lösen.

Realität erfassen:

1. Wessen Arbeitsfähigkeit ist gestört?
    - Trainer und/oder Teilnehmer?
    - Die Aufmerksamkeit sollte nicht nur auf den Störer gerichtet werden!
2. Wie sehen und erleben die Beteiligten das Problem?
    - Trainer und/oder Teilnehmer?
3. Was sollten die Beteiligten voneinander wissen?
    - Würde eine Aussprache etwas bringen?
    - Nur produktives Wissen!
4. Wenn nichts getan wird: Wie wird sich die Situation entwickeln?
5. Soll ich handeln, sollen andere handeln?
6. Wann soll gehandelt werden?
    - Wenn kein Handlungsdruck besteht, dann in Ruhe über sinnvolle Maßnahmen nachdenken.
    - Lieber später intervenieren.
    - Frühe Interventionen sind meist nicht ausreichend durchdacht.
    - Teilnehmern eine Chance geben, das Problem selbst zu lösen, dies fördert zudem die Gruppenbildung.
7. Was soll das Handeln bewirken?

Arbeitsfähigkeit wiederherstellen:
8. Was möchten die Beteiligten anders haben?
   - Befragung der Teilnehmer.
   - Fokussiert die Aufmerksamkeit auf eine mögliche Lösung des Problems.
9. Was wollen/was können die Beteiligten dafür tun?
   - Trainer
   - Teilnehmer
10. Was wäre eine gute Maßnahme/Vereinbarung?
11. Was ist zu tun, wenn die Maßnahme/Vereinbarung nicht klappt?
    - Situation zum Thema machen.
12. Wie steht es jetzt um die Arbeitsfähigkeit?

Zum Abschluss muss gesagt werden, dass es nicht immer wichtig ist, sofort einzugreifen. Oft erledigt sich eine schwierige Situation von ganz alleine. Dies muss vom Trainer abgewogen werden.

7.1.2 Didaktische Analyse

Die Trainingseinheit ist didaktisch so aufgebaut, dass nach einer kurzen Begrüßung eine kleine Übung stattfindet, in der die Teilnehmer sich selbst Gedanken dazu machen sollen, wie man angemessen mit Beiträgen und Fragen von Seminar- bzw. Trainingsteilnehmern umgehen kann. Diese Übung kann im Plenum erfolgen und die Ergebnisse werden auf Metaplan-Kärtchen notiert, angepinnt und anschließend gemeinsam geordnet. Diese Übung soll die Teilnehmer in das Thema einführen und sie aktivieren.

Danach folgt ein Theorieteil zu dem Themenblock „Umgang mit Fragen/Beiträgen" und „der Trainer als Moderator".

Nach einer kurzen Pause beginnt der nächste Theorieteil, der sich mit dem „Umgang mit schwierigen Teilnehmern" beschäftigt.

Nach diesem langen Mittelteil, in dem nur theoretische Inhalte vermittelt werden, folgt eine lange Übung. Im Verlauf dieser Übung arbeiten die Teilnehmer in Kleingruppen an einer schwierigen Situation, welche in einer Trainingssituation auftreten kann.

Die Ergebnisse der Gruppenarbeit werden anschließend im Plenum vorgestellt und diskutiert. Dabei können die Lösungen der verschiedenen Gruppen zu einem Thema verglichen werden. Dies soll eine Diskussion über die verschiedenen Lösungsansätze in Gang bringen und eine kritische Auseinandersetzung mit der Checkliste fördern.

Zum Abschluss der Trainingseinheit erfolgt mithilfe des Blitzlichts eine kurze Reflexion über die Stunde. Danach wird ein Handout ausgeteilt und die Teilnehmer werden verabschiedet.

7 Umgang mit Fragen

7.2 Entscheidungsteil

7.2.1 Lernziele

Nach dem Training sollen die Teilnehmer folgende Kompetenzen erworben haben:

- Prozessleitende und prozessbegleitende Handlungen unterscheiden können,
- wissen, wann und wie man als Trainer auf Beiträge reagieren sollte,
- wissen, welche Grundhaltungen ein Moderator einnimmt,
- verschiedene Möglichkeiten kennen, mit gängigen schwierigen Situationen umzugehen,
- die Checkliste von Weidenmann kennen,
- einen Eindruck davon haben, wie man die Checkliste richtig anwendet.

7.2.2 Geplanter Verlauf

- Begrüßung der Teilnehmer und Vorstellen des Inhalts der Einheit
- Einstiegsfrage an das Plenum (zwei Regeln überlegen, wie man angemessen mit Teilnehmerbeiträgen umgeht)
- Theorieblock I: Prozessleitende und prozessbegleitende Handlungen und der Trainer als Moderator
- Pause
- Theorie IIa: allgemeine Ratschläge zum Umgang mit schwierigen Teilnehmern
- Theorieblock IIb: Checkliste nach Weidenmann
- Übung I: Kleingruppenarbeit: Bearbeiten einer schwierigen Trainingssituation mithilfe der Checkliste
- Vorstellen der Ergebnisse im Plenum und Diskussion
- Zusammenfassung der Stunde und Blitzlicht

7.2.3 Sequenzplan der Einheit „Umgang mit Fragen und Beiträgen sowie schwierigen Teilnehmern"

Dauer [min]	Sequenz	Inhalt	Ziel	Sozialformen	Bemerkungen	Medien	Material
3	Begrüßung	Begrüßung der Teilnehmer; Inhalt der Einheit vorstellen und Sitzungsablauf	Teilnehmer über Inhalt der Stunde informieren	Plenum		Flipchart	Flipchart, Wand und Papier
10	Umgang mit Beiträgen der Teilnehmer	Metaplan-Abfrage: Jeder Teilnehmer soll sich zwei Regeln überlegen, wie ein Trainer angemessen mit Teilnehmerbeiträgen umgehen kann; anschließend Diskussion über die erarbeiteten Inhalte	Einstieg in das Thema; Teilnehmer sollen sich in eine Trainerperspektive hineindenken	Plenum		Metaplan-Wand	Kärtchen, Stifte
5	Theorieblock I (sehr kurz): Umgang mit Teilnehmerbeiträgen; prozessleitende und -begleitende Handlungen	Fragen: Wann leitet man, wie leitet man, wann begleitet man die Teilnehmer	Vermittlung, wie man als Trainer mit Teilnehmerbeiträgen umgeht	Vortrag		PowerPoint-Präsentation	Beamer, Laptop
15	Theorieblock IIa	Schwierige Teilnehmer: einige allgemeine Ratschläge vorstellen (nach Silberman) und anhand von Beispielen verdeutlichen	Einige Grundregeln erläutern und häufige Situationen vorstellen	Vortag		PowerPoint-Präsentation	Laptop, Beamer

7 Umgang mit Fragen

Dauer [min]	Sequenz	Inhalt	Ziel	Sozial-formen	Bemerkungen	Medien	Material
10	Pause						
5	Theorieblock IIb	Checkliste nach Weidenmann	Kennenlernen einer Möglichkeit, mit schwierigen Situationen umzugehen, insbesondere wenn ungewohnte und neue Situationen auftreten	Vortrag		Power-Point-Präsentation	Laptop, Beamer
35	Übung I	Teilnehmern wird Problem gegeben, das sie in Kleingruppen anhand der Checkliste lösen sollen; Vorstellen der Lösungen im Plenum; Diskussion auch mit den jeweils anderen Gruppen	Vertraut machen mit der Checkliste			Metaplan-Wand	Plakate, Stifte
2	Zusammenfassung						
5	Abschluss/ Blitzlicht	Reflexion über die Stunde	Feedback für die Trainer				

7.2.4 Beschreibung des Ablaufs

Nach einer kurzen Begrüßung der Teilnehmer und der Vorstellung der Trainingsinhalte wird den Teilnehmern die Frage gestellt: „Fallen Ihnen Regeln ein, wie man angemessen mit Teilnehmerbeiträgen umgehen sollte?" Die Antworten der Teilnehmer werden auf Metaplan-Kärtchen notiert und angepinnt. Anschließend werden die Ergebnisse mit allen Teilnehmern zu Clustern sortiert. Nach dieser Einstiegsfrage zu dem ersten Themenblock wird den Teilnehmern theoretisch vermittelt, wie man mit Beiträgen und Fragen umgehen kann und wann man am besten wie reagiert. Es wird ebenfalls ein Konzept des Trainers als Moderator vorgestellt.

Nach einer kurzen Pause folgt Theorieblock IIa, in dem die Teilnehmer vermittelt bekommen, wie man mit schwierigen Teilnehmern oder auch ganz allgemein mit schwierigen Trainingssituationen umgehen kann. Direkt daran schließt sich Theorieteil IIb an, in dem den Teilnehmern die Checkliste nach Weidenmann vorgestellt wird.

Als erste Übung dieser Einheit folgt nun eine Kleingruppenarbeit, in der die Teilnehmer die Checkliste nach Weidenmann auf Beispielsituationen anwenden. Dafür wird den Teilnehmern pro Gruppe ein großes Plakat ausgeteilt, auf dem sie die Ergebnisse ihrer Arbeit notieren sollen. Die einzelnen Punkte der Checkliste sollen so sichtbar für alle beantwortet werden. Im Anschluss stellt jede Gruppe ihre Ergebnisse anhand des Plakats im Plenum vor. Über die Ergebnisse sowie die Brauchbarkeit der Checkliste soll im Anschluss diskutiert werden.

Zum Abschluss dieser achten Trainingseinheit erfolgen eine kurze Zusammenfassung sowie eine Reflexion über die Stunde. Die Teilnehmer erhalten ein Handout über die Inhalte der Einheit.

7.3 Bewertung

Das Besondere dieser Trainingseinheit ist der etwas längere Theorieteil zum Umgang mit Teilnehmerbeiträgen und zur Rolle des Trainers als Moderator. Es werden hier Konzepte vorgestellt, die es dem Trainer erleichtern, in Situationen mit Teilnehmern angemessen zu reagieren. Wichtig an dieser Stelle ist es, ausreichend Zeit für Diskussionen einzuplanen, da sehr viel Theorie in kurzer Zeit vermittelt wird. Durch Diskussionen kann dieser Teil aufgelockert und das Wissen gefestigt werden.

Wenn mehr Zeit zur Verfügung steht, kann zudem an dieser Stelle eine Übung eingebaut werden, durch die das Thema „Umgang mit Teilnehmerbeiträgen" praxisnäher wird. Auch ein Rollenspiel ist hier sehr gut einsetzbar.

Eine zweite Besonderheit dieser Einheit ist der Übungsteil zum Umgang mit schwierigen Teilnehmern. Da dieses Thema sehr wichtig ist und sich viele Trainer unsicher im Umgang mit schwierigen Teilnehmern und Trainingssituationen fühlen, liegt ein Schwerpunkt auf der intensiven Beschäftigung mit diesem Thema und Übungen hierzu. Wichtig ist bei dieser Übung, dass der Trainer zu den einzelnen Gruppen geht und Hilfestellung bei Problemen gibt, da die Checkliste nicht immer einfach zu handhaben ist. Nur durch diese Unterstützung können ein Verständnis und so eine spätere richtige Anwendung erfolgen.

Da der Mittelteil des Trainings aus einem langen Theorieteil besteht, ist es wichtig, diesen abwechslungsreich zu gestalten. Dazu könnten beispielsweise verschiedene Medien genutzt werden. Wenn noch genügend Zeit vorhanden ist, kann nach der Pause ein Aktivierungsspiel eingefügt werden.

Auch die Einstiegsfrage und die damit verbundene Aktivierung der Teilnehmer sind sehr wichtig, da danach für längere Zeit keine Einbeziehung der Teilnehmer erfolgt. Zudem soll diese einen ersten Eindruck davon vermitteln, dass es Regeln bzw. Hilfestellungen gibt zum richtigen Umgang mit Beiträgen.

Literatur

Becker, G. E. (1998). *Durchführung von Unterricht: Handlungsorientierte Didaktik, Teil II* (8. Aufl.). Weinheim/Basel: Beltz.

Hartmann, M., Rieger, M. & Pajonk, B. (1997). *Zielgerichtet moderieren*. Weinheim/Basel: Beltz.

Silberman, M. (1998). *Active training: A handbook of techniques, designs, case examples and tips* (2.ed.). New York: Macmillan, Inc.

Weidenmann, B. (1995). *Erfolgreiche Kurse und Seminare*. Weinheim/Basel: Beltz.

Anhang: Umgang mit Fragen und Beiträgen sowie schwierigen Teilnehmern

A 7.1 Instruktion Gruppenübung „Umgang mit schwierigen Teilnehmern"

Hier eine kurze Situationsbeschreibung:
Sie sind Trainer eines mehrtägigen Fachkurses über Moderation. Es fällt Ihnen ein Teilnehmer dadurch auf, dass er die ganze Zeit Witze macht. Er lacht ständig und lenkt andere Teilnehmer ab. Sie fühlen sich zunehmend unwohl.

Ihre Aufgabe ist es nun, anhand der Checkliste, die wir Ihnen gerade vorgestellt haben, eine gute Lösung für das Problem „Witzemacher" zu finden.
Machen Sie sich dafür zu jeder der Fragen Gedanken und schreiben Sie jeweils kurz und knapp Ihre Antworten auf. Am Ende ergibt sich dadurch Ihr individueller Lösungsansatz. Schreiben Sie diesen bitte noch einmal in Stichpunkten unter die letzte Frage.

Sie haben für die Bearbeitung der Aufgabe 20 min. Zeit. Danach wird jemand aus Ihrer Gruppe die Ergebnisse in der Großgruppe vorstellen.

Hier noch einmal die Checkliste:

Realität erfassen:

1. Wessen Arbeitsfähigkeit ist gestört?
2. Wie sehen und erleben die Beteiligten das Problem?
3. Was sollten die Beteiligten voneinander wissen?
4. Wenn nichts getan wird: Wie wird sich die Situation entwickeln?
5. Soll ich handeln, sollen andere handeln?
6. Wann soll gehandelt werden?
7. Was soll das Handeln bewirken?

Arbeitsfähigkeit wiederherstellen:

8. Was möchten die Beteiligten anders haben?
9. Was wollen/was können die Beteiligten dafür tun?
10. Was wäre eine gute Maßnahme/Vereinbarung?
11. Was ist zu tun, wenn die Maßnahme/Vereinbarung nicht klappt?
12. Wie steht es jetzt mit der Arbeitsfähigkeit?

A 7.2 Handout

Umgang mit Teilnehmerfragen und -beiträgen

a) Prozessleitende Handlungen
Was kann ein Trainer tun ...

1. zur Aktualisierung von Vorkenntnissen:
   - Einen Text einbringen und lesen lassen.
   - Eine Trainingshilfe vorausschicken.
2. zur Motivierung der Teilnehmer zum Lernen:
   - Die Bedeutung des Trainingsinhaltes hervorheben (d. h. warum ist er für Teilnehmer wichtig).
   - Die Trainingsziele umschreiben (d. h. was sollen die Teilnehmer nach dem Training wirklich können – Ziele visualisieren).
   - Das Vorgehen diskutieren.
3. zur Motivierung zur Weiterarbeit:
   - Emotionen verbalisieren lassen (Teilnehmer fragen, was sie stört, was anders sein sollte, aber auch, was sie gut finden).
   - Andere Trainingsinhalte einbringen und Trainingsziele ändern (wenn die Teilnehmer ganz andere Bedürfnisse haben bezüglich des Themas und der Ziele, diese wenn möglich aufnehmen).
   - Die Methode wechseln (z. B. in Kleingruppenarbeit, Diskussion etc.).
4. zur Erfolgskontrolle:
   - Ein Arbeitsblatt austeilen, das wichtige Fragen bzw. Aufgaben enthält.
   - Nach den interessantesten oder wichtigsten Punkten fragen.
   - Nach offen gebliebenen Frage- oder Problemstellungen fragen (z. B. können auch Fragen während des Trainings gesammelt werden, die nicht sofort beantwortet werden konnten – aus Zeitmangel, weil sie nicht passen oder weil man sich noch einmal schlau machen muss – und diese am Ende des Trainings beantwortet werden: Meistens erledigen sich die Fragen im Verlauf des Trainings).

b) Prozessbegleitenden Handlungen
Was kann ein Trainer hier tun?

1. Auf Teilnehmerbeiträge eingehen:
   - Einen Bezug zum Thema herstellen lassen.
   - Beiträge zusammenfassen oder zusammenfassen lassen.
2. Teilnehmerbeiträge angemessen bewerten:
   - Mit Bewertung zurückhaltend sein.
   - Aufgabenbezogene Bewertungen vornehmen (d. h. nicht die Person bewerten, mit „das haben Sie sehr gut gemacht", sondern nur den Beitrag mit „vielen Dank für diesen Beitrag, der ist sehr hilfreich").
3. Frage- und Problemstellungen einbringen:
   - Auch anspruchsvolle Fragen einbringen.
   - Die Fragen verständlich formulieren.

4. Minimale Trainingshilfen geben:
   - Die Aufgabe mit eigenen Worten wiedergeben lassen (so kann man überprüfen, ob die Teilnehmer den Inhalt auch wirklich verstanden haben).
   - Einen punktuellen Hinweis geben.
5. Die Teilnehmer zum Fragen anregen:
   - Teilnehmer für ihre Fragen loben (das motiviert zum Fragen und nimmt die Angst, unangenehme Fragen zu stellen).
   - Einen Trainingsgegenstand mitbringen, der zum Fragen reizt (z. B. einen Film, einen Text, ein Fallbeispiel etc.).
6. Auf Teilnehmerfragen eingehen:
   - Lernhilfen zur Beantwortung anbieten.
   - Die Frage an die Gruppe zurückgeben oder überdenken lassen.

Der Trainer als Moderator

Moderationsphilosophie:

- nicht-leitend
- nicht-bevormundend

Moderatoren-Haltung als Fundament:

- inhaltliche Unparteilichkeit
- keine Teilnahme an inhaltlichen Debatten
- methodisch verantwortlich für den Arbeitsprozess
- personenbezogene Neutralität
- gleiche Wertschätzung gegenüber allen
- gesamtes Meinungsspektrum offenlegen

Verhaltensregeln:

- Eigene Ziele, Wertungen und Meinungen zurückstellen; es gibt inhaltlich kein „richtig"/„falsch",
- Ziel ständig im Auge haben, Abweichungen vom Weg dorthin signalisieren,
- zum Vereinbaren von Regeln ermutigen,
- Verhalten bewusst machen,
- Zuhören – im Mittelpunkt sollten die Teilnehmer, das Thema und das Ziel stehen,
- fragende Haltung einnehmen,
- wiederholen,
- visualisieren.

7 Umgang mit Fragen

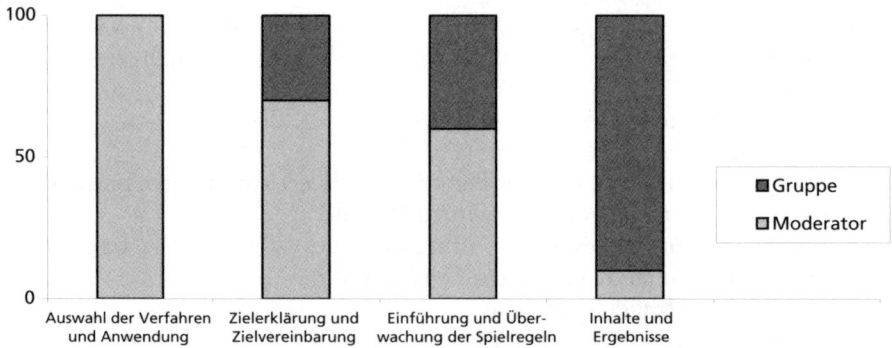

Abb. 7.1: Verantwortung von Moderator und Gruppe

Umgang mit schwierigen Teilnehmern

Was macht schwierige Situationen so schwierig?
Was stört?
Störung von Gedanken und Gefühlen: „Jetzt passiert ein Unglück!"

- Nervosität
- Hilflosigkeit
- Scham
- Ärger

Was ist gestört?
Störung der Arbeitsfähigkeit: „Ich bin nicht mehr dabei."

- Widerwille
- Selbstzentriertheit
- Ablenkung

Checkliste

Die Checkliste regt dazu an, vor einer Intervention sorgfältig die Realität des Problems zu klären und dann zu einer Maßnahme oder Vereinbarung zu kommen, die von den Beteiligten getragen wird und die Arbeitsfähigkeit wiederherstellt.

Realität erfassen:

1. Wessen Arbeitsfähigkeit ist gestört?
   - Trainer und/oder Teilnehmer?
   - Die Aufmerksamkeit sollte nicht nur auf den Störer gerichtet werden!
2. Wie sehen und erleben die Beteiligten das Problem?
   - Trainer und/oder Teilnehmer?

3. Was sollten die Beteiligten voneinander wissen?
   - Würde eine Aussprache etwas bringen?
   - Nur produktives Wissen!
4. Wenn nichts getan wird: Wie wird sich die Situation entwickeln?
5. Soll ich handeln, sollen andere handeln?
6. Wann soll gehandelt werden?
   - Wenn kein Handlungsdruck besteht, dann in Ruhe über sinnvolle Maßnahmen nachdenken.
   - Lieber später intervenieren.
   - Frühe Interventionen sind meist nicht ausreichend durchdacht.
   - Teilnehmern eine Chance geben, das Problem selbst zu lösen, dies fördert zudem die Gruppenbildung.
7. Was soll das Handeln bewirken?

Arbeitsfähigkeit wiederherstellen:
8. Was möchten die Beteiligten anders haben?
   - Befragung der Teilnehmer.
   - Fokussiert die Aufmerksamkeit auf eine mögliche Lösung des Problems.
9. Was wollen/was können die Beteiligten dafür tun?
   - Trainer
   - Teilnehmer
10. Was wäre eine gute Maßnahme/Vereinbarung?
11. Was ist zu tun, wenn die Maßnahme/Vereinbarung nicht klappt?
    - Situation zum Thema machen → aber nur das wirkliche Thema
    - Wie steht es jetzt um die Arbeitsfähigkeit?

8 Transferförderung

Ziel dieser Trainingseinheit ist es, dass die Teilnehmer lernen, wie man den Transfer, also die Übertragung des Gelernten auf den Alltag/Arbeitsplatz, in einem Training gezielt fördern kann. Hierzu werden zwei Ansätze der Transferförderung vorgestellt:

Das erste Modell kann dem Trainer bereits bei der Konzeption helfen, einen transferförderlichen Rahmen zu schaffen, der zweite Ansatz setzt bei den Teilnehmern eines Trainings an. Hierzu wird der Einsatz eines Tagebuchs während des Trainingszeitraums und auch darüber hinaus als Möglichkeit der Transferförderung vorgestellt.

8.1 Analytischer Teil

8.1.1 Sachanalyse

Das VIP-Modell

Das VIP-Modell (Pickl, 2004) dient der zusammenfassenden Darstellung der Komponenten, die einen Einfluss auf den Transfer nehmen. Das VIP-Modell kann dabei bildlich als Haus beschrieben werden, das aus den drei Säulen *Vermittlung*, *Inhalt* und (zu trainierende) *Person* besteht. Auf diesen drei Säulen ruht das Dach des Hauses, in welchem das Strategiewissen sowie der Strategieeinsatz „wohnen" (s. Abb. 8.1). Das Modell geht von der Annahme aus, dass hinreichendes Strategiewissen eine notwendige Voraussetzung für den Strategieeinsatz ist. Im Folgenden werden die Determinanten *Vermittlung* und *Inhalt* vorgestellt. Da die Determinante *Person* durch den Trainer nicht beeinflusst werden kann, wird an dieser Stelle nicht weiter auf sie eingegangen.

8.1 Analytischer Teil

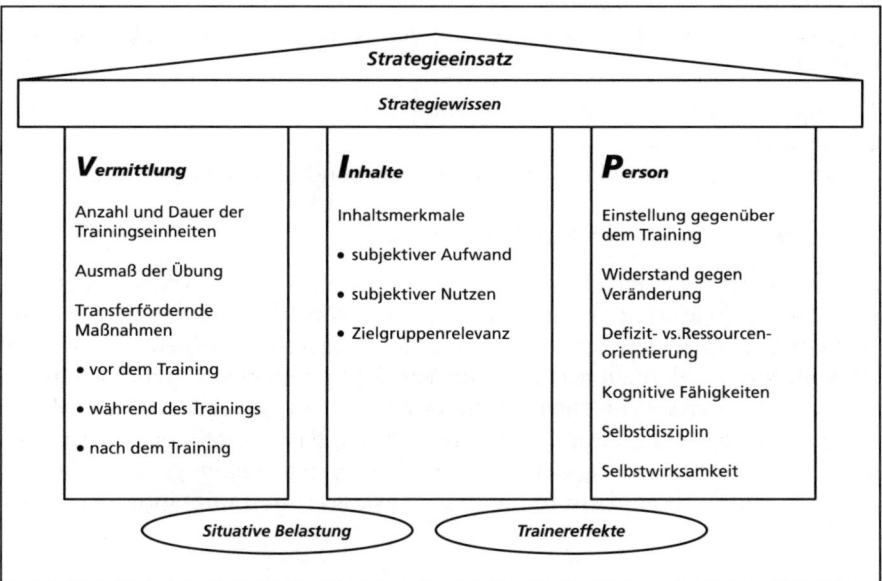

Abb. 8.1: Das VIP-Transfermodell von Pickl (2004) (Abdruck mit freundlicher Genehmigung des Beltz Verlags)

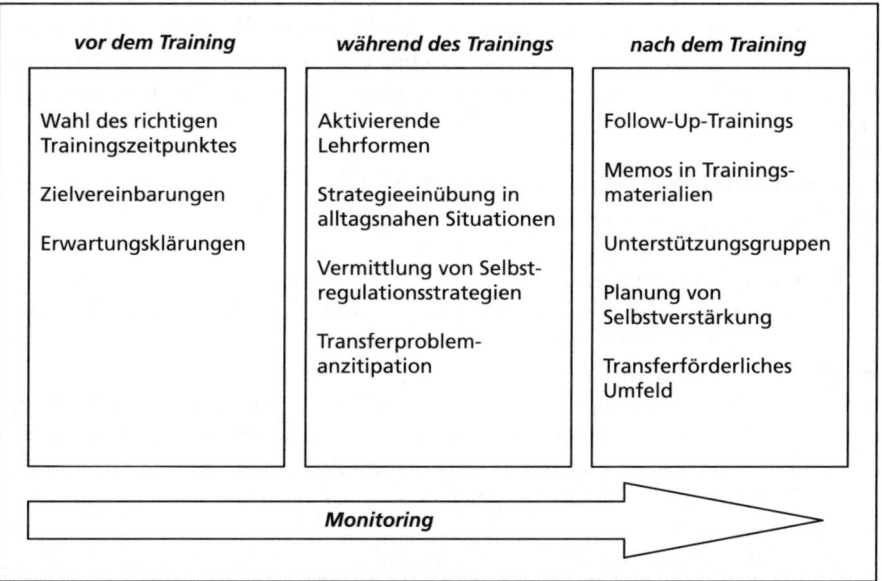

Abb. 8.2: Transferfördernde Maßnahmen des VIP-Transfermodells von Pickl (2004) (Abdruck mit freundlicher Genehmigung des Beltz Verlags)

a) Vermittlung

Folgende Ansatzpunkte zur Förderung des Transfers gibt es im Bereich *Vermittlung*:

1. Anzahl und Dauer der Trainingseinheiten
2. Ausmaß der Übung
3. Transferfördernde Maßnahmen (vor, während und nach dem Training)

1. Anzahl und Dauer der Trainingseinheiten

Für die Dauer und den Umfang der Trainingseinheiten gilt folgende Faustregel: „Solange wie nötig, so kurz wie möglich". Natürlich gilt dies immer unter Berücksichtigung der Inhalte. Ökonomisch gesehen sollten die Kosten (sowohl zeitlich als auch materiell) im Verhältnis zum erwarteten Nutzen stehen. Um das Lernen für die Teilnehmer optimal zu gestalten, sollte vor dem Training die Leistungsfähigkeit der Teilnehmer, das Ausmaß der Motivation und die relative Schwierigkeit der zu vermittelnden Inhalte geprüft werden. Diese Aspekte sollten dann in die Trainingskonzeption mit einbezogen werden.

2. Ausmaß der Übung

Um das in dem Training angeeignete Wissen auch im Alltag umsetzen zu können, ist es wichtig, schon im Training viel zu üben. Am besten ist es, wenn das Gelernte in verschiedenen Situationen geübt wird. Dies ermöglicht eine Generalisierung und eine Verfestigung des Gelernten. Auch die Anwendung des Gelernten in der Praxis bereits zwischen den einzelnen Trainingseinheiten (wenn ausreichend Zeit zwischen diesen liegt) unterstützt die Transferförderung.

3. Transferfördernde Maßnahmen (s. Abb. 8.2)

Vor dem Training

- Wahl des Trainingszeitpunktes:
  Das Training muss mit den individuellen und organisatorischen Rahmenbedingungen abgestimmt werden.
- Zielvereinbarungen:
  Selbst gesetzte Ziele der Teilnehmer vor einem Training steigern die Änderungsmotivation und somit auch den Transfer. Damit die Teilnehmer sich realistische Ziele setzen können, ist es sinnvoll, zu Beginn des Trainings den Ist-Zustand der Teilnehmer zu erheben.
- Erwartungsklärung:
  Den Teilnehmern sollten die Trainingsinhalte und Ziele vor dem Training transparent gemacht werden und sie sollten zu Änderungsvorschlägen ermuntert werden. Nicht erfüllte Erwartungen können den Transfer gefährden.

Während des Trainings

- Aktivierende Lernformen:
  Durch aktives Lernen kann neues Wissen besser erarbeitet und auch behalten werden. Daher sollte sich die Gestaltung von Trainings überwiegend an aktivierenden Lehrformen orientieren, wie sie in den vorangegangenen Kapiteln beschrieben wurden.
- Strategieeinübung in alltagsnahen Situationen:
  Für den Transfer ist es wichtig, dass die Übungssituationen so viel Ähnlichkeit mit den Alltagssituationen aufweisen, wie es die Umsetzung im Training erlaubt.
- Vermittlung von Selbstregulationsstrategien:
  Um die in einem Training erworbenen Kenntnisse und Fähigkeiten eigenverantwortlich im Alltag umzusetzen, müssen die Trainingsteilnehmer selbstregulative Kompetenzen besitzen (Pickl, 2004). Unter der Kompetenz des selbstregulierten Lernens und Handelns wird hier die Fähigkeit verstanden, in Abhängigkeit von internalen und externalen Bedingungen geeignete Handlungsstrategien einzusetzen, sich bei der Zielverfolgung von konkurrierenden Handlungsabsichten abzuschirmen und nach der Durchführung der Handlung eine Bewertung des Erfolgs des Strategieeinsatzes vorzunehmen (Schmitz, 2001). Die Vermittlung von Selbstregulationsstrategien unterstützt den Transfer der Trainingsinhalte, da die Trainingsteilnehmer für die Umsetzung im Alltag wichtige Kompetenzen wie z. B. Zielsetzungs- und Selbstmotivierungsstrategien erwerben.
- Transferproblemantizipation:
  Eine bereits im Training stattfindende Beschäftigung mit möglichen Problemen, die beim Transfer des Gelernten in den Alltag auftreten können, ist eine weitere wichtige Komponente der Transfersicherung. Die Transferproblemantizipation bewirkt, dass die Trainingsteilnehmer auf Schwierigkeiten beim Transfer gezielt vorbereitet werden. Sie ermöglicht, bereits im Rahmen des Trainings Lösungsstrategien für zu erwartende Probleme zu entwickeln. Der Vorteil dabei ist, dass hier auf Ressourcen zurückgegriffen werden kann, wie z. B. auf die Zusammenarbeit mit anderen Trainingsteilnehmern und die gegenseitige Unterstützung.

Nach dem Training

- Follow-Up-Termine:
  Um das Gelernte weiter zu verfestigen ist es sinnvoll, in einigem zeitlichen Abstand nach Beendigung des Trainings Follow-Up-Termine anzusetzen, bei denen die Inhalte des Trainings noch einmal aufgegriffen werden.
- Memos in den Trainingsmaterialien:
  Bereits während des Trainings gestaltete Merkzettel können nach dem Training als Erinnerungshilfen eingesetzt werden. Ihr transferförderlicher Effekt besteht darin, dass auf dem Memo jeweils prägnant und kurz ein wichtiger individueller Vorsatz für die Zeit nach dem Training formuliert ist, den sich die Teilnehmer auf diese Weise wieder in Erinnerung rufen

können, oder sie können sich die Merkzettel auch z. B. am Arbeitsplatz gut sichtbar aufhängen.
- Unterstützungsgruppen:
Im Rahmen einer Unterstützungsgruppe geben sich die Teilnehmer nach Beendigung eines Trainings gegenseitig Feedback und Unterstützung beim Transfer des Gelernten in den Alltag. Bei Schwierigkeiten ist es einfacher, in der Gruppe Lösungsstrategien zu entwickeln. Zusätzlich erinnern die regelmäßigen Treffen mit anderen Trainingsteilnehmern daran, das Gelernte im Alltag umzusetzen.
- Planung von Selbstverstärkung:
Der Einsatz von Selbstverstärkungsmaßnahmen (z. B. in Form von Belohnungen) kann die Motivation zur Umsetzung der Trainingsinhalte stärken. Durch die Belohnung beim Erreichen eines selbst gesetzten Ziels wird die Wahrscheinlichkeit des Wiederauftretens des gewünschten Verhaltens erhöht (Bandura, 1986). Sinnvoll ist also, die Trainingsteilnehmer zu einer gezielten Planung von Selbstverstärkungsmaßnahmen anzuleiten.
- Transferförderliches Umfeld:
Ein transferförderliches Umfeld zeichnet sich durch hinreichende Gelegenheiten zur Anwendung des neu Gelernten und durch Unterstützung bei der Umsetzung aus.

b) Inhalte
Bezüglich des *Inhalts* ist besonders die subjektive Relevanz, die ein Teilnehmer den Trainingsinhalten zuschreibt, von Bedeutung:

1. Subjektiver Aufwand
2. Subjektiver Nutzen
3. Zielgruppenrelevanz

Nach Pickl (2004) werden nur die im Training vermittelten Strategien auch längerfristig eingesetzt, von denen die Trainingsteilnehmer sich einen hohen Nutzen versprechen oder bei denen ihnen das Aufwand-Nutzen-Verhältnis als günstig erscheint. Daher sollten die Inhalte des Trainings optimal auf die Zielgruppe abgestimmt sein. Hierzu empfiehlt es sich, das Vorwissen, die Erwartungen und die Bedürfnisse der Zielgruppe zu erfassen.

Self-Monitoring/Tagebücher

Unter Self-Monitoring wird das bewusste und absichtsvolle Beobachten und Registrieren der eigenen Handlungen verstanden. Es dient als Grundlage einer sinnvollen Selbstregulation und effektiven Zielerreichung. Durch das Beobachten des eigenen Verhaltens, der eingesetzten Strategien, der handlungsbegleitenden Emotionen, der Motivation und des Lern-/Arbeitserfolgs, wird der Ist-Zustand erfasst. Hierdurch wird es leichter, realistische Ziele zu setzen und/oder Handlungsstrategien zu verändern.

Tagebücher sind eine sehr häufig verwendete Methode zur Unterstützung des Self-Monitorings, da sie einfach in der Anwendung sind und zeitnah ausgefüllt werden können. Dies fördert den Transfer des Gelernten, da das eigene Verhalten beobachtet wird sowie auch die Umsetzung und Anwendung des Gelernten im Alltag. Um eine positive Wirkung bei der Tagebuchführung zu erreichen, sollte dieses regelmäßig ausgefüllt werden. Außerdem sollten die positiven Verhaltensaspekte fokussiert werden, um die Motivation zur weiteren Durchführung zu fördern. Die Konzeption eines Tagebuchs hängt zudem auch immer von der Zielgruppe ab. Das Tagebuch sollte für die Zielgruppe ansprechend und im Umfang realistisch sein. Es empfiehlt sich daher, die Zielgruppe in die Gestaltung des Tagebuchs mit einzubeziehen (Landmann & Schmitz, im Druck).

Folgende Bausteine sollten in Tagebüchern enthalten sein:

- Wochenplan/-Ziel
- Tageszielbewertung
- Wochenzielbewertung
- Belohnung
- Mutmacher
- Leichtes/Schwieriges
- Erfolge/Misserfolge

Der Einsatz eines Tagebuchs im Rahmen eines Trainings ist allerdings nur dann sinnvoll, wenn dieses aus mehreren Einheiten besteht, die sich über einen größeren Zeitraum (mehrere Wochen) erstrecken. Anhang A 8.1 zeigt ein Beispieltagebuch.

8.1.2 Didaktische Analyse

Die Einheit beginnt mit einem ca. 20-minütigen Theorievortrag zum VIP-Modell. Auf diese Weise erhalten die Teilnehmer einen Überblick über die allgemeinen Bedingungen und Möglichkeiten der Transferförderung.

Nach dieser allgemeinen Einführung in das Thema wird im weiteren Verlauf der Einheit das Thema „Self-Monitoring" mit Schwerpunkt auf der Methode „Tagebuch" ausführlich behandelt. Mit einer Überleitung vom Thema „VIP-Modell" zu Lerntagebüchern stellen die Trainer sicher, dass der neue Themenblock für die Teilnehmer inhaltlich in den Rahmen des allgemeineren Themas „Transferförderung" eingebunden ist.

Da unklar ist, welches Vorwissen zur Tagebuch-Methode bei den Teilnehmern schon vorhanden ist, folgt anschließend eine Metaplan-Abfrage zu Erfahrungen und Vorwissen mit Lerntagebüchern. Die Ergebnisse der Metaplan-Abfrage werden durch die Trainer ergänzt, indem sie in einem kurzen Vortrag – soweit nötig – noch einmal auf Funktion, Einsatzmöglichkeiten und Aufbau von Lerntagbüchern eingehen.

Der Rest der Einheit ist sehr praxisorientiert. Aufbauend auf dem in der Einheit erworbenen Wissen entwickeln die Teilnehmer nun in Kleingruppen ein eigenes Lerntagebuch. Um das Thema weiter zu veranschaulichen und die

Konzeption eines eigenen Tagebuchs zu vereinfachen, kann den Teilnehmern ein exemplarisches Tagebuch vorgestellt werden (s. Anhang A 8.1; Landmann, 2006). Auf diese Weise wird das erworbene Wissen praktisch vertieft, gleichzeitig aber auch aktiv an der Transferförderung für das eigene Training gearbeitet.

Das Lerntagebuch soll speziell für das gerade stattfindende Training konzipiert werden und auch im weiteren Trainingsverlauf zum Einsatz kommen. Da sich zu diesem Zweck die Teilnehmer auf eine Tagebuchversion einigen sollen, stellen die Kleingruppen ihre Arbeit zunächst im Plenum vor. Anschließend werden die Ergebnisse diskutiert und die Gesamtgruppe einigt sich auf eine Version. Die selbstständige Erarbeitung eines Lerntagebuchs soll die Teilnehmer motivieren, diese Möglichkeit der Transferförderung im weiteren Verlauf des Trainings selbst auszuprobieren. Zum Schluss der Einheit fordern die Trainer noch einmal ausdrücklich dazu auf, die Lerntagebücher bis zum Ende des Trainings einzusetzen und so den eigenen Transfer aktiv zu sichern.

8.2 Entscheidungsteil

8.2.1 Lernziele

Nach dem Training sollen die Teilnehmer folgende Kompetenzen erworben haben:

- Einen allgemeinen Überblick über Bedingungen und Möglichkeiten der Transferförderung anhand des VIP-Modells gewonnen haben,
- Funktion, Aufbau und Einsatzmöglichkeiten von Tagebüchern kennen,
- ein auf ein spezielles Training zugeschnittenes Lerntagebuch erstellen können.

8.2.2 Geplanter Verlauf

- Begrüßung
- Theorieblock I: VIP-Modell
- Pause
- Überleitung vom VIP-Modell zum Thema Lerntagebücher
- Metaplan-Abfrage: Erfahrungen mit Lerntagebüchern
- Theorieblock II: Lerntagebücher
- Übung: Erstellen eines Lerntagebuchs
- Abschluss

8.2 Entscheidungsteil

8.2.3 Sequenzplan der Einheit „Transferförderung"

Dauer [min]	Sequenz	Inhalt	Ziel	Sozialformen	Bemerkungen	Medien	Material
5	Begrüßung						
20	Theorieblock I: VIP-Modell	Einleitende Worte zum Modell; Überblick über Modell geben; Konzentration auf Transfer während des Trainings	Kennenlernen der einzelnen Komponenten des Modells und der Aspekte, die beim Transfer eine Rolle spielen	Vortrag		PowerPoint-Präsentation	Laptop, Beamer, Handout
5	Pause						
5	Übergang VIP-Modell – Lerntagebuch	Einführung in das Thema Self-Monitoring; Zusammenhang mit VIP-Modell		Vortrag		PowerPoint-Präsentation	Laptop, Beamer
7	Metaplan-Abfrage zu Erfahrungen mit der Methode Tagebuch	Vorwissen erfassen		Gesamtgruppe		Metaplan-Wand	Metaplan-Kärtchen, Stifte
10	Theorieblock II: Lerntagebuch (Self-Monitoring)	Lerntagebuch als Möglichkeit der Transfersicherung während des Trainings vorstellen, weil man sich selbst beobachtet; Funktion, Komponenten vorstellen	Ergänzung des Vorwissens, Hinführung zur Übung	Vortrag		Metaplan-Wand	Vorbereitete Metaplan-Kärtchen

147

8 Transferförderung

Dauer [min]	Sequenz	Inhalt	Ziel	Sozialformen	Bemerkungen	Medien	Material
20	Übung: Erstellen eines Lerntagebuchs	Teilnehmer erstellen in Kleingruppen Lerntagebücher für dieses Training	Vertiefung und Erarbeitung der eigenen Transfersicherung	Kleingruppen	Trainer geben Hilfestellung bei Schwierigkeiten		Instruktionen, Blätter, Stifte
15	Vorstellen/ Besprechen der Gruppenarbeiten	Teilnehmer stellen im Plenum ihre Tagebücher vor	Die verschiedenen Lösungen diskutieren und zusammenstellen einer gemeinsamen Version, die im weiteren Training eingesetzt werden soll	Plenum	Trainer hilft, geeignete Komponenten auszuwählen		
3	Abschluss	Zusammenfassung, Verabschiedung, Handout	Motivierung zur Benutzung des Lerntagebuchs	Vortrag			

8.2.4 Beschreibung des Ablaufs

Die Einheit beginnt mit der Begrüßung der Teilnehmer. Danach folgt ein 20-minütiger Theorievortrag, in dem das VIP-Modell und die sich daraus ergebenden Implikationen für die Transferförderung in Trainings vorgestellt werden. Im Anschluss an den Vortrag besteht die Möglichkeit, offene Fragen zu klären.

Nach einer Pause wird kurz vom allgemeinen Thema „VIP-Modell" zum spezielleren Thema „Self-Monitoring" übergeleitet. Das Thema „Self-Monitoring" soll in der Einheit anhand der Methode „Tagebuch" bearbeitet werden. Dazu wird zunächst mit einer Metaplan-Abfrage erfasst, welche Erfahrungen und welches Vorwissen die Teilnehmer zum Thema „Tagebuch" bereits mitbringen.

Anschließend wird in einem kurzen zehnminütigen Vortrag von den Trainern die Theorie zu Funktion, Aufbau und Einsatz von Lerntagebüchern ergänzt. Um das Thema zu veranschaulichen, kann hierbei ein exemplarisches Tagebuch vorgestellt werden (s. Anhang A 8.1; Landmann, 2006).

Im Anschluss erstellen die Teilnehmer während der Übungsphase ein eigenes Lerntagebuch für das gerade stattfindende Training. Die in der Kleingruppe erarbeiteten Tagebücher werden anschließend im Plenum vorgestellt und besprochen. In der Gesamtgruppe wird ein Lerntagebuch zusammengestellt, mit dem die Teilnehmer für den weiteren Einsatz während des Trainings einverstanden sind.

Zum Abschluss der Einheit gibt der Trainer eine kurze Zusammenfassung der Inhalte und fordert die Teilnehmer auf, das selbst entwickelte Tagebuch über die restliche Dauer des Trainings einzusetzen.

8.3 Bewertung

Das Besondere dieser Einheit ist die Gestaltung eigener Lerntagebücher durch die Teilnehmer. Häufig werden in Trainings den Teilnehmern standardisierte Tagebücher zum Ausfüllen bereitgestellt, bei denen sie allerdings oft keinen direkten Nutzen für sich selbst sehen. Mit der Gestaltung eigener, individueller Tagebücher sehen die Teilnehmer dagegen einen größeren Bezug zu ihrer Situation bei der Arbeit und beim Lernen und haben so auch mehr Motivation, die Tagebücher einzusetzen. Zudem ist so eine ideale Verknüpfung zwischen vorgestellter Theorie und praktischer Anwendung gewährleistet.

Doch nicht nur die Tagebücher sind ein sehr interessanter Teil dieser Einheit. Die Vorstellung des VIP-Modells zeigt den Teilnehmern Möglichkeiten auf, wie sie den Transfer schon in der Vorbereitung, aber auch während des Trainings fördern können.

Durch die Metaplan-Abfrage und das Erstellen der Lerntagebücher ist eine aktive Gestaltung des Trainings sichergestellt worden. Allerdings sollte bei dieser Einheit darauf geachtet werden, dass die Theorieteile nicht zu lang ausfallen, insbesondere der über das VIP-Modell. Ansonsten verfehlt der Inhalt seine Wirkung. Sinnvoller ist es, das Modell interaktiv mit den Teilnehmern zu bearbeiten. Sie können zum Beispiel gefragt werden, durch welche Maßnahmen sie den Transfer in den einzelnen Determinanten sichern würden.

Sollte in dieser Einheit mehr Zeit zur Verfügung stehen, können die Gruppenübung zum Erstellen der Lerntagebücher und auch die Diskussion im Plenum länger gestaltet werden.

Literatur

Ajzen, I. (1991). The theory of planned behavior. *Organizational Behavior and Human Decision Processes, 50,* 179–211.
Bandura, A. (1986). *Social foundations of thought and action.* Englewood-Cliffs: Prentice-Hall.
Landmann, M. (2006). *Unveröffentlichtes Trainingsmanual.* Bestandteil des Curriculums „Hilfen zur Alltagsbewältigung" an der VHS Rheingau-Taunus zur Förderung von Alltagsbewältigungskompetenzen von Frauen in Teilzeit, HARTZ IV Empfängerinnen. Gefördertes Teilprojekt im Rahmen des vom Bundesministerium für Bildung und Forschung sowie dem Europäischen Sozialfonds geförderten Programms „Lernende Regionen – Förderung von Netzwerken".
Landmann, M. & Schmitz, B (im Druck). Welche Rolle spielt Self-Monitoring bei der Selbstregulation und wie kann man mit Hilfe von Tagebüchern die Selbstregulation fördern? In: M. Gläser-Zikuda & T. Hascher (Hrsg.), *Lernprozesse dokumentieren, reflektieren und beurteilen. Lerntagebuch & Portfolio in Forschung und Praxis.* Bad Heilbrunn: Klinkhardt-Verlag.
Pickl, C. (2004) *Selbstregulation und Transfer.* Weinheim: Beltz.
Schmitz, B. (2001). Self-Monitoring als transferfördernde Maßnahme bei einem Training zur Selbstregulation für Studierende: Eine prozessanalytische Untersuchung. *Zeitschrift für Pädagogische Psychologie, 15,* 179–195.
Silberman, M. (1998). *Active training: A handbook of techniques, designs, case examples and tips* (2.ed.). New York: Macmillan, Inc.

Anhang: Transferförderung

A 8.1 Exemplarisches Tagebuch

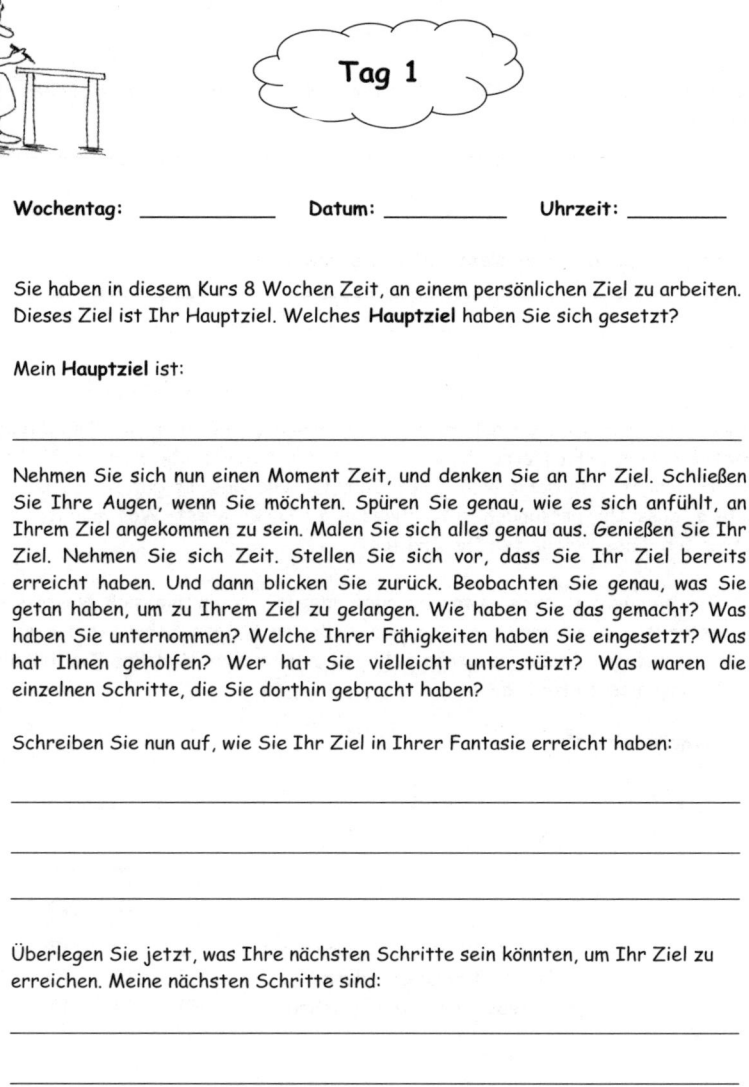

Wochentag: _____   Datum: _____   Uhrzeit: _____

Sie haben in diesem Kurs 8 Wochen Zeit, an einem persönlichen Ziel zu arbeiten. Dieses Ziel ist Ihr Hauptziel. Welches **Hauptziel** haben Sie sich gesetzt?

Mein **Hauptziel** ist:

_____

Nehmen Sie sich nun einen Moment Zeit, und denken Sie an Ihr Ziel. Schließen Sie Ihre Augen, wenn Sie möchten. Spüren Sie genau, wie es sich anfühlt, an Ihrem Ziel angekommen zu sein. Malen Sie sich alles genau aus. Genießen Sie Ihr Ziel. Nehmen Sie sich Zeit. Stellen Sie sich vor, dass Sie Ihr Ziel bereits erreicht haben. Und dann blicken Sie zurück. Beobachten Sie genau, was Sie getan haben, um zu Ihrem Ziel zu gelangen. Wie haben Sie das gemacht? Was haben Sie unternommen? Welche Ihrer Fähigkeiten haben Sie eingesetzt? Was hat Ihnen geholfen? Wer hat Sie vielleicht unterstützt? Was waren die einzelnen Schritte, die Sie dorthin gebracht haben?

Schreiben Sie nun auf, wie Sie Ihr Ziel in Ihrer Fantasie erreicht haben:

_____

_____

_____

Überlegen Sie jetzt, was Ihre nächsten Schritte sein könnten, um Ihr Ziel zu erreichen. Meine nächsten Schritte sind:

_____

_____

(z.B. Hauptziel = einen guten Praktikumplatz finden; konkrete Schritte = über Angebote informieren, Informationen sammeln, Bewerbungsbilder machen, Lebenslauf schreiben,...)

Ihr Tagebuch Tag 1 / Seite 1

8 Transferförderung

Welchen Ihrer Schritte werden Sie diese Woche umsetzen? Was ist Ihr Ziel für die diese Woche?

Mein Wochenziel ist:

_____

Wo stehen Sie im Moment hinsichtlich Ihres **Hauptzieles** auf der folgenden Ziellinie?

```
|---|---|---|---|---|---|---|---|---|--->
1   2   3   4   5   6   7   8   9   10
ganz am Anfang                          Ziel erreicht
```

Wo möchten Sie am **Ende dieser Woche** stehen?

```
|---|---|---|---|---|---|---|---|---|--->
1   2   3   4   5   6   7   8   9   10
ganz am Anfang                          Ziel erreicht
```

Denken Sie nun noch einmal an das Ziel, welches Sie sich für diese Woche gesetzt haben. Ist es erreichbar, oder ist der Schritt etwas zu groß? Jeder Mensch macht unterschiedlich große Schritte und das ist gut so. Es ist sehr wichtig, dass Ihr persönliches Wochenziel zu Ihnen passt. Was möchten oder können Sie diese Woche für Ihr Ziel tun?

Ist Ihr Wochenziel auch etwas herausfordernd? Wenn Sie sich ein bisschen herausfordern, trainieren Sie sich selbst. Bei zu kleinen Schritten treten Sie vielleicht auf der Stelle, zu große Schritte frustrieren. Welches Ziel ist diese Woche angemessen für Sie?

Mein Wochenziel ist:

_____

	stimmt gar nicht ☹	stimmt etwas 😐	stimmt überwiegend 🙂	stimmt vollkommen 😊
Mein Ziel in einer Woche zu schaffen ist realistisch.	☐	☐	☐	☐
Mein Ziel für diese Woche ist herausfordernd.	☐	☐	☐	☐
Mir ist es wichtig, mein Wochenziel zu erreichen.	☐	☐	☐	☐

Ihr Tagebuch Tag 1 / Seite 2

Anhang

Sie haben nun 6 Tage Zeit, Ihr **Wochenziel** zu erreichen. Wie werden Sie das anstellen? Mit welchen kleinen Schritten verwirklichen Sie Ihr Wochenziel?

_____

_____

Welche dieser Dinge werden Sie **heute** erledigen? Was ist Ihr Tagesziel?

Mein Tagesziel ist:

_____

Wo stehen Sie im Moment hinsichtlich Ihres **Wochenzieles** auf der folgenden Ziellinie?

```
1    2    3    4    5    6    7    8    9    10
ganz am Anfang                              Ziel erreicht
```

Wo möchten Sie **morgen** stehen?

```
1    2    3    4    5    6    7    8    9    10
ganz am Anfang                              Ziel erreicht
```

	stimmt gar nicht	stimmt etwas	stimmt überwiegend	stimmt vollkommen
Mir ist es wichtig, mein Tagesziel zu erreichen.	☐	☐	☐	☐

☐ Ich habe heute **kein** Tagesziel gewählt, weil (mehrfaches Ankreuzen möglich)

☐ ich mir eine Pause gönne.
☐ ich keine Zeit habe.
☐ ich nicht weiß, was ich tun kann.
☐ beim letzten Mal nichts geklappt hat.
☐ sonstiges: _____

Es ist vollkommen in Ordnung, sich manchmal keine Ziele zu setzen. Bedenken Sie aber, dass Sie Ihre Ziele nur dann verwirklichen können, wenn Sie sich auch konsequent damit beschäftigen.

Ihr Tagebuch Tag 1 / Seite 3

8 Transferförderung

Mein Hauptziel ist:

_____

Ich werde folgende Schritte durchführen:

WAS genau	Wichtigkeit	WIE und WO	WANN	erledigt?
Unterziel 1:				
Unterziel 2:				
Unterziel 3:				
Unterziel 4:				
Unterziel 5:				
Unterziel 6:				
Unterziel 7:				
Unterziel 8:				
Unterziel 9:				

Ihr Tagebuch Tag 1 / Seite 4

Anhang

Wochentag: _____ Datum: _____ Uhrzeit: _____

Nun wird zurückgeblickt: Sie hatten sich ein Tagesziel gesetzt. Wie ist es Ihnen bei der Umsetzung Ihres Tagesszieles ergangen?

	gar keine	ein paar	viele	alle
Gab es Dinge, die **schlecht** gelaufen sind? Was glauben Sie, woran hat das gelegen?	☐	☐	☐	☐

_____

Das Gute an Misserfolgen ist, dass man aus ihnen lernen kann. Was haben Sie gelernt? Was können Sie konkret beim nächsten Mal besser machen?

_____

	gar keine	ein paar	viele	alle
Gab es Dinge, die **gut** gelaufen sind? Was glauben Sie, woran hat das gelegen?	☐	☐	☐	☐

_____

Denken Sie daran, dass Sie dank Ihrer Fähigkeiten und Ihrer Anstrengung Erfolg hatten – Gratulation!!
Welche Fähigkeiten haben Sie eingesetzt, um erfolgreich zu sein?

_____

Bei welchen anderen Aufgaben können Sie diese Fähigkeiten noch einsetzen?

_____

Was haben Sie richtig gut gemacht? Worauf sind Sie stolz? Haben Sie sich dafür belohnt?

_____

Ihr Tagebuch Tag 7 / Seite 1

8 Transferförderung

Unterlagen, Kursinhalte:
Haben Sie heute in Ihren Unterlagen gelesen? ☐ ja ☐ nein
Haben Sie heute über Kursinhalte nachgedacht? ☐ ja ☐ nein
Ich habe folgende Kursinhalte angewandt:

___

	stimmt gar nicht	stimmt etwas	stimmt überwiegend	stimmt vollkommen
Ich bin meinem **Wochenziel** näher gekommen.	☐	☐	☐	☐
Ich bin meinem **Hauptziel** näher gekommen.	☐	☐	☐	☐
Ich bin momentan **kaum** durch andere wichtige Dinge belastet (Kinder, Familie, Jobs,...)?	☐	☐	☐	☐

Nun blicken Sie bitte auf die gesamte letzte Woche zurück.

	gar keine	ein paar	viele	alle
Gab es Dinge, die **schlecht** gelaufen sind? Was glauben Sie, woran hat das gelegen?	☐	☐	☐	☐

___

Das Gute an Misserfolgen ist, dass man aus ihnen lernen kann. Was haben Sie gelernt? Was können Sie konkret beim nächsten Mal besser machen?

___

	gar keine	ein paar	viele	alle
Gab es Dinge, die **gut** gelaufen sind? Was glauben Sie, woran hat das gelegen?	☐	☐	☐	☐

___

Denken Sie daran, dass Sie dank Ihrer Fähigkeiten und Ihrer Anstrengung Erfolg hatten – Gratulation!! Welche Ihrer Fähigkeiten haben Sie eingesetzt?

___

Bei welchen anderen Aufgaben können Sie diese Fähigkeiten noch einsetzen?

___

Was haben Sie richtig gut gemacht? Worauf sind Sie stolz?

___

Ihr Tagebuch Tag 7 / Seite 2

Wie fühlen Sie sich heute?

	stimmt gar nicht	stimmt etwas	stimmt überwiegend	stimmt vollkommen
Ich fühle mich heute stark.	☐	☐	☐	☐
Ich fühle mich heute bekümmert.	☐	☐	☐	☐
Ich fühle mich heute entschlossen.	☐	☐	☐	☐
Ich fühle mich heute ängstlich.	☐	☐	☐	☐

	stimmt gar nicht ☹	stimmt etwas 😐	stimmt überwiegend 🙂	stimmt vollkommen 😊
Mir ist es wichtig, mein Hauptziel zu erreichen.	☐	☐	☐	☐
Ich bin zufrieden mit dem, was ich schon erreicht habe.	☐	☐	☐	☐
Ich bin sicher, dass ich zukünftige schwierige Situationen meistern und auftretende Probleme lösen kann.	☐	☐	☐	☐
Mir hat das Tagebuch diese Woche geholfen.	☐	☐	☐	☐
Mir hat der Kurs diese Woche Spaß gemacht.	☐	☐	☐	☐
Ich habe diese Woche im Kurs viel dazu gelernt.	☐	☐	☐	☐

Wenn ja, was haben Sie gelernt:

_____

_____

Mir hilft der Kurs, meinen Alltag erfolgreich zu meistern. ☐ ☐ ☐ ☐
Wenn ja, wie hilft Ihnen der Kurs dabei:

_____

_____

Was finden Sie gut an dem Kurs gut?

_____

Was könnte am Kurs besser sein?

_____

Ihr Tagebuch Tag 7 / Seite 3

Tagebuchauszüge mit freundlicher Genehmigung der Autorin entnommen aus: Landmann, M. (2006). Unveröffentlichtes Trainingsmanual. Bestandteil des Curriculums „Hilfen zur Alltagsbewältigung" an der VHS Rheingau-Taunus zur Förderung von Alltagsbewältigungskompetenzen von Frauen in Teilzeit, HARTZ IV Empfängerinnen. Gefördertes Teilprojekt im Rahmen des vom Bundesministerium für Bildung und Forschung sowie dem Europäischen Sozialfonds geförderten Programms „Lernende Regionen – Förderung von Netzwerken".

9 Zusammenfassung/ Reflexion mit den Teilnehmern

In dieser Trainingseinheit geht es um die Zusammenfassung und Reflexion der Trainingsinhalte am Ende des Trainings. Zum Abschluss eines Trainings sollte es für Teilnehmer und Trainer Gelegenheit geben, sich über das durchgeführte Training auszutauschen und es zu reflektieren. Hierzu werden Übungen vorgestellt.

Besonders wichtig zum Abschluss eines Trainings ist der Transfer der Trainingsinhalte. Theoretisch und praktisch werden den Teilnehmern Möglichkeiten der Transferförderung *am Ende* eines Trainings vermittelt.

9.1 Analytischer Teil

9.1.1 Sachanalyse

Wichtige Aufgaben in der Abschlussphase von Trainings sind die Reflexion der Teilnehmer über das im Training Gelernte und die Sicherung des Transfers. Nur wenn die gelernten Inhalte auch nach dem Training angewendet werden, ist das Training wirklich gelungen. Es gibt verschiedene Strategien, die der Reflexion der Teilnehmer dienen und mit denen am Ende eines Trainings die Brücke zur Anwendung im Alltag geschlagen werden kann.

Self-Assessment

Die Teilnehmer schätzen sich selbst bezüglich ihres Wissens, Verhaltens und ihrer Einstellungen bzgl. der im Training behandelten Themen ein. Techniken, die sich dazu anbieten, sind z. B. Fragebögen und Diskussionsrunden.

Job-Aids

Hilfen für den Arbeitsalltag können alle Trainingsmaterialien sein, die die Teilnehmer an die Trainingsinhalte erinnern und ihre Umsetzung im Beruf erleichtern, z. B. Checklisten oder Arbeitsblätter. Am effektivsten sind Job-Aids, wenn sie bereits im Training ausprobiert wurden oder von den Teilnehmern selbst erstellt wurden.

Reentry Advice

Bei der Strategie des Reentry Advice werden die Schritte ausgearbeitet, die zur Umsetzung der Trainingsinhalte in den Berufsalltag nötig sind. Diese Schritte sollten ganz konkret und realistisch sein, z. B. sollte man sich schon im Training überlegen, bei welchen Aufgaben im Berufsalltag man das neu Gelernte anwenden kann.

Obstacle Assessment

Die Teilnehmer überlegen sich schon zum Abschluss des Trainings, welche Hindernisse einer Umsetzung der Trainingsinhalte im Alltag entgegenstehen. Nach einer realistischen Einschätzung der erwarteten Hindernisse können dann Möglichkeiten ausgearbeitet werden, um mit diesen Hindernissen umzugehen.

Peer Consultation

Bei dieser Strategie wird in Kleingruppen gearbeitet. Jeder Teilnehmer erhält die Gelegenheit, ein die Trainingsinhalte betreffendes Problem aus seinem Arbeitsalltag vorzustellen. Die anderen Gruppenmitglieder beraten ihn dann bei der Lösung des Problems. So kann das im Training erworbene Wissen wiederholt und auf ein reales Problem angewandt werden.

Peer Teaching

Die Teilnehmer müssen das im Training Gelernte anderen Personen vermitteln. Dies kann innerhalb der Trainingsgruppe geschehen, wenn die Teilnehmer z. B. verschiedene Projekte bearbeitet haben, oder auch außerhalb des Trainings, wenn die Teilnehmer ihr Wissen z. B. an Kollegen weitergeben, die nicht am Training teilgenommen haben. Für die Weitergabe des Wissens an Dritte muss das Erlernte wiederholt und strukturiert werden, auf diese Weise wird das Wissen vertieft und angewendet.

Contracting

Bei dieser Strategie wird die Absicht, Trainingsinhalte im Alltag konkret umzusetzen, in Form eines Vertrags festgehalten. Diesen Vertrag können die Teilnehmer mit sich selbst schließen oder z. B. mit einem anderen Teilnehmer, dem Trainer oder auch dem Vorgesetzten. Schließen die Teilnehmer die Verträge mit sich selbst, bietet es sich an, den Vertrag als „Brief an sich selbst" zu gestalten. Diese Briefe kann der Trainer dann nach einer festgelegten Zeit nach Beendigung des Trainings an die Teilnehmer schicken. Natürlich muss die Vertraulichkeit bezüglich der Inhalte der Briefe gewährleistet werden.

Action Plans

Aktionspläne sind eine gute Möglichkeit, die Umsetzung von Trainingsinhalten im Alltag detailliert zu planen. Bei der Erstellung eines Aktionsplans überlegen sich die Teilnehmer, welche Ziele sie nach Beendigung des Trainings verwirklichen möchten und welche Schritte sie unternehmen müssen, um diese Ziele zu erreichen. Hindernisse, die bei der Umsetzung auftreten können, werden ebenfalls bedacht und mögliche Lösungen dafür entwickelt. Die Erstellung eines Action Plans führt dazu, dass die Teilnehmer sich darüber klar werden, welche Schritte zur Umsetzung der Trainingsinhalte im Alltag ganz konkret nötig sein werden und das „Commitment" (die Verpflichtung) zur Zielerreichung wird erhöht.

Follow-Up-Questionnaire

Bei einem Follow-Up-Fragebogen erhalten die Teilnehmer einige Zeit nach Ende des Trainings einen Fragebogen zu den Trainingsinhalten und deren Umsetzung im Berufsalltag. Die Follow-Up-Befragung dient vor allem dazu, den Teilnehmern die im Training vermittelten Inhalte wieder ins Gedächtnis zu rufen und die Aufmerksamkeit auf deren Anwendung im Alltag zu lenken. Diese sollte daher so gestaltet sein, dass die Teilnehmer durch die Beantwortung der Fragen ihr eigenes Verhalten reflektieren. Gleichzeitig erhält der Trainer durch die Follow-Up-Befragung ein weiteres ausführliches Feedback zu seinem Training.

9.1.2 Didaktische Analyse

Diese Trainingssitzung behandelt inhaltlich das Thema „Zusammenfassung und Reflexion mit den Teilnehmern". Sie bildet aber auch im Ablauf des in diesem Trainingsbuch vorgestellten Trainingscurriculums den Abschluss. Daher besteht die Gelegenheit, dass die Teilnehmer in praktischen Übungen Möglichkeiten zur Reflexion am Trainingsende kennenlernen und diese dabei auch gleich zum Abschluss dieser Trainingsreihe nutzen. Der Schwerpunkt dieser Sitzung liegt deshalb auf der Durchführung von Übungen zur Förderung der Reflexion und des Transfers. Ein Großteil der Übungen findet dabei in Einzelarbeit statt, da die Teilnehmer dazu angeregt werden sollen, ein persönliches Fazit des Trainings zu ziehen und den Transfer der Trainingsinhalte jeweils im Hinblick auf ihre eigenen Ziele zu erleichtern bzw. ihren persönlichen Alltagsbezug zu formulieren.

Zu Beginn steht ein 15-minütiger Theorieblock, in dem Möglichkeiten der Reflexion und Transferförderung am Ende eines Trainings vorgestellt werden. Das Ziel dieses Vortrags ist, den Teilnehmern einen Überblick über die verschiedenen Methoden zu geben.

Der weitere Verlauf der Sitzung besteht aus praktischen Übungen. In Einzelarbeit erstellen die Teilnehmer einen Aktionsplan („Action Plan"). Diese Übung gibt den Teilnehmern Gelegenheit, darüber nachzudenken, welche Ziele sie aufgrund des Trainings erreichen möchten und wie sie diese konkret erreichen können. Jeder Teilnehmer beschäftigt sich dadurch ganz persönlich mit dem Trainingstransfer, gleichzeitig bildet sich bei jedem ein Eindruck von der Nützlichkeit der Übung. Die Einschätzungen der Teilnehmer zur Brauchbarkeit der Methode „Action Plan" werden im Anschluss an die Übung kurz ausgetauscht.

Die anschließende Reflexionsrunde dient dem Austausch über das Training. Im ersten Teil überlegt zunächst jeder Teilnehmer für sich, was er am Training positiv bzw. negativ fand und persönlich aus dem Training mitnimmt (im Sinne eines „Self-Assessments"). Damit jeder frei seine Meinung äußern kann, schreiben die Teilnehmer ihre Kommentare auf Metaplan-Kärtchen und sammeln diese an der Metaplan-Wand. Dabei sollte der Trainer nicht im Raum sein, sodass die Teilnehmer durch das Anpinnen der Kärtchen anonym ihre Meinung äußern können.

Der zweite Teil der Reflexionsrunde findet im Plenum im Sinne eines Blitzlichts statt. Die Teilnehmer erzählen in einer Gesprächsrunde nacheinander, was sie für sich aus dem Training mitnehmen. Durch den Austausch erhält jeder Teilnehmer zusätzliche Anregungen und kann seine eigene Sichtweise des Trainings noch einmal reflektieren. Die Kommentare zum Training dienen dem Trainer außerdem als Feedback.

Der Schluss dieser Trainingssitzung ist zugleich auch der Abschluss der ganzen (hier vorgestellten) Trainingsreihe. Da mit dem Training der Zusammenschluss der Teilnehmer zu einer Trainingsgruppe beendet ist, folgt eine Abschiedsrunde. Per Los zieht jeder Teilnehmer den Namen eines anderen Teilnehmers. Zu dieser Person schreibt er die positiven Eigenschaften auf einen Zettel, die ihm an dieser Person während des Trainings aufgefallen sind. Der Trainer gibt am Ende jedem Teilnehmer den Zettel mit seinem Namen. Durch die Abschiedsrunde entsteht ein positiver Abschluss des Trainings, aus dem die Teilnehmer Selbstvertrauen und Motivation ziehen.

Das Training wird anschließend im Plenum durch den Trainer beendet. Da alle vorhergehenden Übungen schon dem Abschluss des Trainings dienten, gibt der Trainer lediglich noch selbst ein kurzes Feedback zum Ablauf des Trainings und bedankt sich bei den Teilnehmern.

9.2 Entscheidungsteil

9.2.1 Lernziele

Nach dem Training sollen die Teilnehmer folgende Kompetenzen erworben haben:
- Wissen, wie man den Abschluss und die Reflexion am Ende eines Trainings gestaltet,
- Methoden zur Transferförderung am Ende eines Trainings kennen,
- einen Aktionsplan erstellen können.

9.2.2 Geplanter Verlauf

- Begrüßung
- Theorieblock: Reflexions- und Transferförderung am Ende eines Trainings
- Übung I: Action Plan
- Pause
- Übung II: Reflexionsrunde, Blitzlicht
- Abschiedsrunde
- Abschluss (Feedback und Verabschiedung durch den Trainer)

9.2.3 Sequenzplan der Einheit „Zusammenfassung/Reflexion mit den Teilnehmern"

Dauer [min]	Sequenz	Inhalt	Ziel	Sozialformen	Bemerkungen	Medien	Material
5	Begrüßung	Begrüßung der Teilnehmer, Vorstellung der Inhalte der Einheit und des Sitzungsablaufs	Teilnehmer über Ziele und Inhalte der Stunde informieren			Flipchart	Flipchart, Wand und Papier
15	Theorieblock: Transferförderung am Ende eines Trainings	Siehe Sachanalyse	Teilnehmer verschiedene Transfermöglichkeiten vorstellen	Vortrag		PowerPoint-Präsentation	Beamer, Laptop
25	Übung I: „Action Plan"	Teilnehmer erstellen einen individuellen Aktionsplan; anschließend kurze Diskussion über den Zweck/die Brauchbarkeit der Übung	Teilnehmer lernen eine Möglichkeit des Trainingsabschlusses und Inhaltstransfers kennen und definieren eigene Ziele aufgrund des Trainings	Einzelarbeit			Instruktionen, Arbeitsblätter, Stifte
10	Pause						

9 Reflexion mit den Teilnehmern

Dauer [min]	Sequenz	Inhalt	Ziel	Sozialformen	Bemerkungen	Medien	Material
10	Übung II: Reflexionsrunde	Teilnehmer überlegen sich, was sie aus dem Training mitnehmen und was sie am Training gut bzw. verbesserungswürdig fanden; die Kommentare zum Training werden an der Metaplan-Wand gesammelt	Abschließende Reflexion über das Training (u. a. „Self-Assessment")	Einzelarbeit	Der Trainer verlässt für ein paar Minuten den Raum, damit die Teilnehmer die Kärtchen anonym anpinnen können	Metaplan-Wand	Metaplan-Karten, Stifte, Pins
15	Blitzlicht	Blitzlicht als Reflexion über das Training	Trainer erhält ausführliches Feedback	Plenum	Stuhlkreis bilden		
8	Abschiedsrunde	Jeder Teilnehmer zieht ein Los mit dem Namen eines anderen Teilnehmers; Er/Sie überlegt sich zu dieser Person, welche positiven Eigenschaften ihm/ihr aufgefallen sind und schreibt sie auf den Zettel; der Trainer sammelt die Zettel und gibt jedem den mit seinem Namen	Positiver Abschluss des Trainings, Selbstvertrauen für die Teilnehmer	Einzelarbeit			vorbereitete Namenszettel, Stifte
2	Abschluss	Der Trainer beendet das Training, gibt selbst ein kurzes Feedback an die Teilnehmer und bedankt sich bei ihnen	Das Training beenden	Plenum			

9.2.4 Beschreibung des Ablaufs

Die Sitzung beginnt mit der Begrüßung der Teilnehmer und einer kurzen Vorstellung der Ziele und Inhalte der Einheit sowie des geplanten Ablaufs.

Es folgt ein Theorieblock, in dem den Teilnehmern verschiedene Möglichkeiten der Reflexion und Transferförderung am Ende eines Trainings vorgestellt werden.

Im Anschluss wird in der ersten Übung eine der Methoden angewandt, die im Theorieblock vorgestellt wurde. In Einzelarbeit erstellen die Teilnehmer einen Aktionsplan („Action Plan"), in dem sie erarbeiten, welche Ziele sie aufgrund des Trainings erreichen wollen, und sich die Schritte überlegen, die zur Umsetzung dieser Ziele notwendig sind. Am Schluss der Übung reflektieren und diskutieren die Teilnehmer, wie sinnvoll und brauchbar sie die Methode „Action Plan" finden.

Nach einer zehnminütigen Pause beginnt die Reflexionsrunde. Jeder Teilnehmer überlegt sich zunächst wiederum in Einzelarbeit, was ihm am Training positiv und negativ aufgefallen ist und was er daraus mitnimmt. Damit jeder frei seine Meinung äußern kann und sich die Teilnehmer nicht zu stark gegenseitig beeinflussen, schreibt jeder seine Kommentare auf Metaplan-Kärtchen, die an der Metaplan-Wand gesammelt werden. Damit dies anonym geschehen kann, verlässt der Trainer während der Übung für ein paar Minuten den Raum.

Die Übung wird anschließend durch ein Blitzlicht ergänzt, in dem jeder Teilnehmer nochmals kurz erzählt, was er persönlich aus dem Training mitnimmt. Trainer und Teilnehmer lernen so das gesamte Meinungsspektrum der Trainingsgruppe kennen. Für den Trainer fungieren die Kommentare als Feedback, die Teilnehmer erhalten durch die anderen Meinungen eventuell weitere Sichtweisen des Trainings.

Die anschließende Abschiedsrunde dient nicht dem inhaltlichen Abschluss des Trainings, sondern einem positiven Abschluss der Gruppenarbeit. Jeder Teilnehmer zieht ein Los, auf dem der Name eines anderen Teilnehmers steht. Zu dieser Person schreibt er auf, welche positiven Eigenschaften ihm an ihr während des Trainings aufgefallen sind. Der Trainer sammelt die Zettel ein und gibt jedem Teilnehmer den Zettel mit seinem Namen. Durch die Abschiedsrunde geben sich die Teilnehmer untereinander ein positives Feedback, das sich auf die Zusammenarbeit während des Trainings bezieht. Dadurch erhalten die Teilnehmer Selbstvertrauen und Motivation.

Am Schluss der Sitzung – und damit auch am Schluss der Trainingsreihe – gibt der Trainer noch ein kurzes persönliches Feedback an die Teilnehmer. Er beendet das Training, indem er sich bei den Teilnehmern für deren Teilnahme und Mitarbeit bedankt.

9.3 Bewertung

Der Schwerpunkt dieser Sitzung liegt auf dem Durchführen praktischer Übungen. Dies ist in dieser Einheit besonders wichtig, da sie die letzte in der Trainingsreihe ist und somit an dieser Stelle das Zusammenfassen und die Reflexion mit den Teilnehmern auch praktisch durchgeführt werden soll. Am Anfang steht daher nur ein kurzer Theorieblock, der die Teilnehmer mit dem Spektrum an verschiedenen Transferförderungsmöglichkeiten bekannt macht.

Die folgenden Übungen dienen den Teilnehmern vor allem zur abschließenden Reflexion über die Trainingsreihe. Sie sind so ausgerichtet, dass die Teilnehmer zunächst dazu angehalten werden, sich eine eigene Meinung über das Training zu bilden und diese erst anschließend in der Gruppe zu diskutieren. Es sollte hierbei darauf geachtet werden, dass die Teilnehmer ihre Kommentare anonym abgeben können, der Trainer also während des Sammelns der Kärtchen an der Metaplan-Wand den Raum verlässt.

Literatur

Silberman, M. (1998). *Active training: A handbook of techniques, designs, case examples and tips* (2.ed.). New York: Macmillan, Inc.

Anhang: Zusammenfassung/ Reflexion mit den Teilnehmern

A 9.1   Action Plan (Silberman, 1998)

1. Nennen Sie drei Dinge (z. B. eine Methode, die Sie kennengelernt haben oder eine Fähigkeit, die geübt wurde), die Sie nach Beendigung des Trainings in ihrem Alltag anwenden wollen:
   a) _____

   b) _____

   c) _____

2. Überlegen Sie sich, was Sie davon als Erstes umsetzen wollen (und wann bzw. wie) und tragen Sie es hier ein:
   Was? _____
   Wann? _____
   Wie? _____

3. Überlegen Sie sich bitte, welche Hindernisse auftreten könnten (oder bereits bestehen), die der Umsetzung Ihres Vorhabens im Wege stehen und führen Sie diese hier auf:
   _____
   _____

4. Diskutieren Sie mit Ihrem Sitznachbarn, wie Sie diese Hindernisse überwinden können.

5. Beschreiben Sie detailliert, wie Sie vorgehen werden und was Sie unternehmen werden, um Ihr Vorhaben in die Tat umzusetzen, und wie Sie Hindernisse überwinden werden.
   _____
   _____
   _____

10 Nach dem Training

Nachdem ein Training durchgeführt wurde, stehen für den Trainer zwei wichtige Aufgaben an. Dazu gehört zunächst die Evaluation des Trainings. Des Weiteren ist die Reflexion über das Training von Bedeutung. Eine umfassende abschließende Einschätzung des Trainings ist eine wichtige Quelle für Optimierungen des Trainings und für Anregungen, die bei der Konzeption und Durchführung eines neuen Trainings beachtet werden sollten.

10.1 Evaluation des Trainings

Bei der Planung der Evaluation sind in einem ersten Schritt folgende Fragen zu klären:

10.1.1 Was soll evaluiert werden? Was steht im Fokus der Evaluation?

Kirkpatrick (1987) unterscheidet vier Ebenen, auf denen ein Training evaluiert werden kann:

1. Reaktion auf das Training
2. Lernen
3. gezeigtes Verhalten
4. messbares Ergebnis

Die erste Ebene umfasst die Reaktionen der Teilnehmer auf das Trainingsprogramm. Die Evaluation auf dieser Ebene ist vergleichsweise schnell und ökonomisch durchzuführen. Der Trainer kann dabei z. B. erheben inwieweit das Training mit den Erwartungen der Teilnehmer übereingestimmt hat. Neben einer allgemeinen Bewertung des Trainings können auch Rückmeldungen zu einzelnen Trainingsteilen erfasst werden. Auf der zweiten Ebene (Lernen) wird z. B. durch Selbsteinschätzung oder Wissenstests erfasst, ob die Teilnehmer im Training etwas gelernt haben. Die dritte Ebene (Verhalten) bezieht sich darauf, ob das im Training Gelernte auch außerhalb des Trainings angewandt wird und in einem veränderten Verhalten der Teilnehmer beobachtbar ist. Dies kann mittels Selbsteinschätzungen erfasst werden, aber z. B. auch durch Verhaltensbeobachtungen oder das Befragen von Arbeitskollegen oder Vorgesetzten. Auf der vierten Ebene (Ergebnis) schließlich wird der Nutzen des Trainings evaluiert, indem überprüft wird, ob sich positive Folgen des Trainings in konkreten Zahlen (in einer Firma z. B. durch Zeitersparnis oder gestiegene Verkaufszahlen) niederschlagen.

10.1.2 Wie soll evaluiert werden? Welche Methoden sind geeignet?

Die Reaktion der Teilnehmer auf das Training lässt sich mithilfe von Fragebögen, Ratingskalen, schriftlichen Statements oder durch Interviews erfassen (Silberman, 1998). Auf dieser Ebene erhält der Trainer Rückmeldung, wie den Teilnehmern das Training gefallen hat, ob sie es als nützlich einschätzen etc.

Für die Erfassung des Lerneffekts eines Trainings werden die Daten des Prätests (der zu Beginn oder im Vorfeld des Trainings durchgeführt wurde) und Posttest-Daten (die am Ende des Trainings erhoben werden) miteinander verglichen. Der Test sollte neben reinen Wissensfragen auch erfassen, ob die Teilnehmer die im Training vermittelten Inhalte verstanden haben und den Transfer zur Anwendung des Inhalts in Alltags- und Arbeitssituationen herstellen können.

Um die langfristigen Effekte eines Trainings zu erfassen, sollten die Teilnehmer den Test einige Monate nach Beendigung des Trainings erneut ausfüllen.

Mit der Evaluation auf der ersten und zweiten Ebene (Reaktion und Lernen) ist noch nicht festzustellen, ob die Teilnehmer das Gelernte auch wirklich im Berufsalltag umsetzen. Dies kann erst auf der Verhaltensebene evaluiert werden. Es wird dabei überprüft, in welchem Ausmaß die Teilnehmer nach Beendigung des Trainings die Inhalte in ihrem Alltag anwenden. Follow-Up-Evaluationsbögen sollten erfragen, was die Teilnehmer unternommen haben, um die Trainingsinhalte umzusetzen. Aufschlussreich für den Trainer kann die Frage sein, welche Hindernisse bei der Umsetzung der Trainingsinhalte im Alltag aufgetreten sind. Eine Evaluation auf der Verhaltensebene kann auch in Form von Beobachtungen stattfinden, oder indem Kollegen oder Vorgesetzte das Verhalten einschätzen.

Über die Feststellung hinaus, dass eine Verhaltensveränderung stattgefunden hat, ist die Frage interessant, *wie* der Veränderungsprozess über die Zeit abläuft und welcher *Art* die Veränderung ist. Eine Methode, um Entwicklungen und Prozesse zu untersuchen, mit denen sich das Verhalten verändert, ist die Zeitreihenanalyse (Schmitz, 1989). Bei der Zeitreihenanalyse wird eine interessierende Variable (z. B. ein bestimmtes Verhalten) wiederholt gemessen. Sie gibt Aufschluss über die Ausprägung der Variablen zu verschiedenen Zeitpunkten sowie Hinweise auf eventuelle Gesetzmäßigkeiten oder typische Entwicklungen im Zeitverlauf. Mit den Verfahren der Zeitreihenanalyse ist es möglich, die Effekte einer Intervention über die Zeit hinweg zu betrachten und so detaillierte Daten bezüglich der Stabilität oder Entwicklung eines Merkmals zu erhalten. Diese Art der Evaluation ist sehr effektiv, aber auch sehr aufwendig. Insbesondere müssen sich die Teilnehmer auch über die Zeitspanne des Trainings hinaus bereit erklären, bei der Evaluation mitzuarbeiten.

10.1.3 Wann findet die Evaluation statt? Zu welchem Zeitpunkt werden die Daten erhoben?

Je nachdem, welche Fragestellung mit der Evaluation verfolgt wird, werden die Daten schon zu Beginn des Trainings (Prätest), regelmäßig während der Durchführung (Prozesserhebung), am Ende des Trainings (Posttest) und/oder einige Zeit nach Beendigung des Trainings (Stabilitätsmessung) erhoben. Dies sollte aber immer in Absprache mit den Teilnehmern erfolgen, d. h. sie sollten immer informiert werden, was für Evaluationen insgesamt geplant sind. Zudem müssen die Teilnehmer über den Nutzen der Evaluation und ihre Ergebnisse informiert werden.

10.2 Die Reflexion des Trainers nach dem Training

Ein zweiter wichtiger Zugangsweg zur Erfassung des Potentials bzw. der Optimierbarkeit eines Trainings ist die Reflexion des Trainers. Dabei denkt der Trainer selbst noch einmal über das Training nach und versucht, für sich herauszufinden, ob und wie er mit seiner Leistung zufrieden ist. Er sollte sich ehrlich fragen, was er gut gemacht hat und was er hätte besser machen können, sowohl bei der Konzeption des Trainings als auch bei der Durchführung. Nur so ist gewährleistet, dass er sich persönlich ständig weiterentwickelt und auch verbessert.

Folgende Fragen können bei der Reflexion des Trainings helfen:

- Wie habe ich mich während des Trainings gefühlt? Mit welchen Elementen habe ich mich wohl gefühlt, mit welchen nicht?
- Wie bin ich vorgegangen? Hat meine Zeitplanung funktioniert?
- Habe ich die Ziele erreicht, die ich mir für das Training gesetzt hatte?
- Was habe ich gut gemacht?
- Was kann ich beim nächsten Mal noch besser machen?

Literatur

Kirkpatrick, D. L. (1987). Evaluation of Training. In R. L. Craig (Ed.), *Training and development handbook: A guide to human resource development*. New York: McGraw-Hill.

Schmitz, B. (1989). *Einführung in die Zeitreihenanalyse*. Bern: Verlag Hans Huber.

Silberman, M. (1998). *Active training: A handbook of techniques, designs, case examples and tips* (2. ed.). New York: Macmillan, Inc.

Danksagung

Dieses Buch ist das Ergebnis jahrelanger Praxiserfahrung in der Ausbildung von Trainern und der Durchführung und Evaluation eigener Seminare und Schulungen sowohl im wissenschaftlichen als auch betrieblichen und schulischen Umfeld. Wir wollen an dieser Stelle den vielen wissenschaftlichen Mitarbeitern, Hilfskräften und Studenten danken, die durch aktive Mitarbeit und konstruktive Rückmeldung zu den hier präsentierten Inhalten und Methoden beigetragen haben.

Insbesondere danken wir Anke Urban für eine erste Zusammenstellung der hier präsentierten Inhalte und Materialien sowie unseren Mitautoren Katharina Krause und Simone Bruder für ihre umfassenden Vorarbeiten zu diesem Buch. Diesen beiden und Molly von Oertzen gebührt herzlicher Dank für die wiederholte inhaltliche und formale Überarbeitung der vorliegenden Kapitel, in die sie ihr breites Wissen und ihre Ideen haben einfließen lassen.

Unser besonderer Dank gilt außerdem der Müller-Reitz-Stiftung, deren finanzielle Unterstützung dieses Buchprojekt ermöglicht hat.

Darmstadt, im Herbst 2007   Franziska Perels, Kirsten van de Loo
                                         und Bernhard Schmitz

Stichwortverzeichnis

A
Action Plan 159, 160, 161, 162, 163, 165, 167

B
Blitzlicht 16, 21, 23, 27, 99, 101, 103, 130, 132, 161, 162, 164, 165

C
Checkliste 134
Checkliste nach Weidenmann 128, 129, 130, 132, 133, 135, 138
Contracting 159

E
Einstiegsfrage 20, 22, 24, 27, 28, 85, 86, 89, 130, 133, 134

F
Feedback 14, 23, 31, 41, 57, 70, 108, 111, 112, 113, 114, 115, 116, 117, 118, 119, 120, 121, 122, 123, 124, 132, 144, 160, 161, 162, 164, 165
– Feedbackregeln 111, 117
– Funktion von Feedback 111
Fragebögen 14, 16, 22, 23, 31, 33, 34, 39, 42, 48, 55, 57, 158, 169
– Follow-Up-Evaluationsbögen 169
– Follow-Up-Questionnaire 160
– Fragebogen zur Motivation 43

G
Gesprächsführung 108, 109, 112, 113, 114, 115, 118, 119, 120, 124
Group Inquiry 35, 49, 52, 54, 55, 66, 75
Guided Teaching 35, 49, 52, 54, 55, 59, 67, 74

H
Handout 21, 23, 30, 47, 48, 55, 56, 57, 60, 61, 66, 67, 74, 92, 129, 133, 136, 147

I
Inquiry Groups 59
Interviews 14, 33, 34, 48, 55, 169

J
Jigsaw Learning 35, 48, 51, 54, 55, 56, 57, 59, 61, 65, 74
Job-Aids 158

K
Kartenfrage 82, 84
Kennenlernspiel 20, 21, 22, 23, 24, 27, 96

L
Lernwettbewerb 35, 49, 52, 55, 56, 57, 59, 61, 64, 66, 74, 95

M
Mental Imagery 59
Mentales Vorstellen 35, 49, 53, 54, 55, 68, 69, 75, 96
Mindmap 81
Modell zur Trainingskonzeption 10, 11, 12, 13
Motivation
– Motivationsfragebogen 35, 45

O
Obstacle Assessment 159

P
Peer Consultation 159
Peer Teaching 159
Phasen eines Trainingsablaufs 22, 23, 29, 36
– Advanced Knowledge and Skills 19, 20, 26, 29, 50
– Application Activities 19, 20, 26, 29, 50
– Building Blocks 19, 20, 26, 29, 49
– Middle Activities 19, 20, 26, 29, 49

- Opening Exercises 19, 26, 29, 49
Prozessbegleitende Handlungen 124, 125, 130, 131, 136
Prozessleitende Handlungen 124, 130, 131, 136
Prozessmanagement 15, 16, 108, 124
Prozessmodell 82
Punktabfrage 83, 85, 88, 89, 90

R
Reentry Advice 158
Rollenspiele 15, 20, 35, 49, 53, 54, 55, 59, 64, 68, 70, 76, 95, 96, 97, 98, 99, 100, 101, 102, 103, 105, 113, 117, 118, 119, 120, 121, 122, 123, 127, 133
- Scripting 97, 101
- Staging 97, 101

S
Selbstregulation 144
- -strategien 13, 141, 143
Self-Assessment 158, 161, 164
Self-Monitoring 144, 145, 147, 149

SMART-Modell 34, 37, 38, 40, 42, 45, 48
Spiele 15, 35, 46, 49, 53, 54, 55, 59, 69, 70, 75, 95, 96, 98, 99, 100, 101, 102, 103, 105, 106, 115, 128

T
Tabelle 82
Tagebuch 140, 144, 145, 146, 147, 148, 149, 151
- Lerntagebuch 150
Teamaufbau 19, 20, 49
TZI-Regeln 108, 110, 112, 113, 114, 115, 116, 118, 120

V
VIP-Transfermodell 140, 141, 145, 146, 147, 149, 150

W
Wettbewerb 54

Z
Zuruffrage 82, 83
Zwei-Felder-Tafel 22, 81, 82, 84, 85

Meike Landmann
Bernhard Schmitz (Hrsg.)

Selbstregulation erfolgreich fördern

Praxisnahe Trainingsprogramme
für effektives Lernen

2007. 344 Seiten mit 80 Abb. und 26 Tab. Kart.
€ 33,-
ISBN 978-3-17-019404-5

Die Fähigkeit der Selbstregulation erleichtert das Erreichen von Lernzielen und ist nachweislich eine wesentliche Schlüsselkompetenz im Hinblick auf lebenslanges Lernen. Dieser Band beschreibt sehr anschaulich theoretisch fundierte und wissenschaftlich geprüfte Trainingskonzepte, die fachspezifische Inhalte (z. B. Problemlöse- und Lesestrategien) mit fachübergreifender Selbstregulation für unterschiedliche Zielgruppen verbinden. Das Buch stellt eine praxisnahe Anleitung zur Optimierung des Lehrens und Lernens für Bildungsvermittler und „Lerner" dar. Anwendungsorientierte Wissenschaftler erhalten konkrete Hinweise, wie sie Selbstregulation vermitteln können.

Dr. Meike Landmann und **Professor Dr. Bernhard Schmitz** lehren Pädagogische Psychologie am Institut für Psychologie der TU Darmstadt.

▶ www.kohlhammer.de

W. Kohlhammer GmbH · 70549 Stuttgart
Tel. 0711/7863 - 7280 · Fax 0711/7863 - 8430

Angelika C. Wagner

Gelassenheit durch Auflösung innerer Konflikte

Mentale Selbstregulation und Introvision

2007. 252 Seiten mit 11 Abb. und 5 Tab. Kart.
€ 28,-
ISBN 978-3-17-018929-4

Was lässt sich tun, wenn sich – z. B. bei Angst oder Ärger – die Gedanken endlos im Kreis drehen?
In diesem Buch wird erstmals zusammenfassend eine neue Methode des Selbstmanagements, die Introvision, dargestellt, die darauf abzielt, in Konfliktsituationen Gelassenheit und Handlungsfähigkeit wiederherzustellen. Das Vorgehen der Introvision wurde im Rahmen eines umfangreichen Forschungsprogramms entwickelt und hat sich in verschiedenen Bereichen empirisch und praktisch bewährt.
Das Buch dient als Basis für einen Einführungskursus in mentale Selbstregulation und Introvision. Grundlegende Übungen und praktische Anwendungsmöglichkeiten werden ausführlich dargestellt und anhand von vielen Fallbeispielen erläutert.

Professor Angelika C. Wagner, Ph. D., lehrt Pädagogische Psychologie an der Universität Hamburg.

W. Kohlhammer GmbH · 70549 Stuttgart
Tel. 0711/7863 - 7280 · Fax 0711/7863 - 8430